KRISENINTERVENTION BEI KINDERN UND JUGENDLICHEN

Ein Handbuch für psychosoziale Fachkräfte

2., aktualisierte und erweiterte Auflage

STUDIA Universitätsverlag

Alle Rechte, insbesondere das Recht der Vervielfältigung, der Verbreitung, der Speicherung in elektronischen Datenanlagen sowie der Übersetzung, sind vorbehalten.

Copyright © 2004

STUDIA Universitätsverlag, Herzog-Sigmund-Ufer 15, A-6020 Innsbruck

2., aktualisierte und erweiterte Auflage, 2004

Umschlaggestaltung: G. Brauchle

Druck und Buchbinderei:

STUDIA Universitätsbuchhandlung und –verlag

Printed in Austria

ISBN 3-901502-63-7

Krisenintervention bei Kindern und Jugendlichen

Ein Handbuch für psychosoziale Fachkräfte

2., aktualisierte und erweiterte Auflage[A]

Juen, Barbara

Werth, Manuela

Roner, Annette

Schönherr, Christian

Brauchle, Gernot

Innsbruck 2004

STUDIA Universitätsverlag

[A] unter Mitarbeit von Miriam Lowig

Für Annette

Inhaltsverzeichnis

Einleitung 8

1 Trauer bei Kindern 11
   1.1 Trauer 11
   1.2 Mythen über Trauer 17
   1.3 Wie verstehen Kinder den Tod? 19
   1.4 Der Trauerprozess bei Kindern 24
   1.5 Trauerarbeit mit Kindern 27
      1.5.1 Reaktionen von Kindern auf den Tod naher Bezugspersonen 27
      1.5.2 Was unterscheidet die Trauer der Kinder von der Trauer der Erwachsenen? (Webb, 1993, S.14) 29
   1.6 Wie spricht man mit Kindern über den Tod? 31
      1.6.1 Das Übermitteln der Todesnachricht an das Kind 32
      1.6.2 Goldman (2000) schlägt folgende Materialien zur Trauerarbeit mit Kindern vor 41
   1.7 Sonderfall Selbstmord 42
      1.7.1 Wie entwickelt sich das Verständnis von Selbstmord? 42

2 Psychotraumatologie bei Kindern 44
   2.1 Was ist ein Trauma? 44
   2.2 Akute Belastungsreaktion bzw. -störung 46
      2.2.1 Welche Funktionen haben diese Reaktionen? 49
   2.3 Posttraumatische Belastungsstörung (PTBS) 52
   2.4 Wie reagieren Kinder auf Notfälle? 53
      2.4.1 Wie geht man mit Kindern nach Notfällen um? 54
   2.5 Grundregeln im Umgang mit traumatisierten Kindern 54
      2.5.1 Tipps für Eltern 57
   2.6 Hilfe für Kinder nach Notfällen 59
      2.6.1 Kinder unter zwei Jahren 59
      2.6.2 Kinder von 2-6 Jahren 59
      2.6.3 Kinder von 6 bis 11 Jahren 61

2.6.4   Jugendliche von 11 bis 12 Jahren 65
2.7   Besondere Charakteristika der posttraumatischen Belastungsstörung bei Kindern 66

3   Besonders traumatische Situationen (singuläre Traumata) 72
3.1   Kinder, die Zeugen von Gewalttaten werden: Mord, Vergewaltigung, Selbstmord 72
    3.1.1   Mord an einem Elternteil 74
    3.1.2   Vergewaltigung der Mutter 77
    3.1.3   Selbstmord eines Elternteils 79

4   Chronische Traumatisierung 82
4.1   Krieg 82
    4.1.1   Kurzzeiteffekte chronischer und multipler Traumatisierung bei Kindern 90
    4.1.2   Langzeiteffekte chronischer Traumatisierung bei Kindern 92

5   Kennzeichen sexuellen Missbrauchs bei Kindern und Jugendlichen 95
5.1   Zur Symptomatik von sexuell missbrauchten Kindern 97
    5.1.1   Die „Signs associated with sexual abuse scale" (Wells et al., 1995). 101
    5.1.2   Posttraumatische Belastungsstörung bei sexuell missbrauchten Personen 110
5.2   Kinder als Augenzeugen vor Gericht 120
    5.2.1   Die Beeinflussbarkeit von Erwachsenen 121
    5.2.2   Beeinflussbarkeit von Kindern 123
    5.2.3   Schlussfolgerungen 125
    5.2.4   Glaubwürdigkeitskriterien für Aussagen von Kindern und Jugendlichen 126
5.3   Umgang mit missbrauchten Kindern 131

6. Abschließende Bemerkungen 133

Literaturtipps und Internetseiten 134

Literatur 135

Autoren 141

Einleitung

In den letzten Jahren sind auf Grund zahlreicher schwerer Großschadensereignisse in Deutschland aber auch in Österreich (Zugunglück in Eschede, Lawinenkatastrophe von Galtür, Seilbahnunglück in Kaprun...) psychosoziale Betreuungsteams entstanden bzw. am Entstehen. Dies zeigt sich auch in Deutschland an der Schaffung von Notfallseelsorgenetzwerken, Kriseninterventionsteams des Deutschen Roten Kreuzes bzw. Arbeiter Samariterbundes (SbE/KIT-Teams) oder in Österreich am Aufbau von Kriseninterventionsteams innerhalb des Roten Kreuzes (SvE-KIT-Teams) bzw. einem Notfallpsychologennetzwerk. Zunehmend wächst dabei das Interesse, Krisenintervention auch unterhalb der Katastrophenschwelle, etwa nach schweren Verkehrsunfällen oder Selbstmorden, anzubieten. Ein wichtiger neuer Trend in diesem Feld geht daher weg von der alleinigen Konzentration auf Großschadensereignissen, hin zu niederschwelligen Angeboten bei traumatischen Ereignissen unterhalb der Katastrophenschwelle.

Verschiedenste Berufsgruppen, darunter NotfallmedizinerInnen, PsychiaterInnen, PsychologInnen, SeelsorgerInnen, SozialpädagogInnen, SozialarbeiterInnen und PsychotherapeutInnen bekunden großes Interesse an diesem neuen Feld. Dies zeigt sich auch auf zahlreichen Tagungen und Kongressen wie z.B.: „Notfallpsychologie und Psychotherapie: Setting und Einsatzkriterien", Arbeitsgemeinschaft Deutschsprachiger Psychologenverbände (ADP) in Brixen in Italien; Fachtagung „Notfallpsychologie" in St. Pölten in Österreich, 2000; SvE-KIT Tage in Innsbruck 2002-2004;

„Psychotraumatologie" in Konstanz, 2001; „Psychische Nothilfe nach Unfällen, Katastrophen und Gewalt", in Schwarzenburg, Schweiz 2001; usw.

Im Zuge dieser Entwicklung ist in Tirol 1996 die Arbeitsgruppe Notfallpsychologie am Institut für Psychologie der Universität Innsbruck entstanden. Diese Gruppe hat sich zum Ziel gesetzt, die wissenschaftliche Begleitforschung, Fortbildung und Qualitätssicherung für das SvE-KIT-Team des Roten Kreuzes Tirol zu übernehmen. Leiterin der Arbeitsgruppe ist Frau Univ.-Prof. Dr. Eva Bänninger-Huber. Mitglieder der Arbeitsgruppe Notfallpsychologie sind auch Mitglieder des SvE-KIT-Teams und seit 1999 bei mehreren Großschadensereignissen (Busunglück in Finkenberg, Lawinenkatastrophe in Galtür und Valzur, Unglück am Bergiselstadion, Lawinenunglück an der Jamtalhütte bei Galtür, die Seilbahnkatastrophe in Kaprun, das Busunglück in Vomp bei Schwaz und die Hochwasserkatastrophe in Niederösterreich), sowie bei der Betreuung der Kosovo-Flüchtlinge im Einsatz gewesen. Zudem war das Team inzwischen bei über 500 Ereignissen (Stand Juli 2004) unterhalb der Katastrophenschwelle im Einsatz.

Das Kriseninterventionsteam (SvE-KIT-Team) ist ein multiprofessionelles Team, bestehend aus speziell ausgebildeten PsychologInnen, PädagogInnen, ÄrztInnen, TheologInnen, sowie anderen psychosozialen Fachkräften und SanitäterInnen mit langjähriger Erfahrung. Dieses Team wird bei außergewöhnlichen Schadensfällen auch unterhalb der Katastrophenschwelle („Krisenintervention im Rettungsdienst"), also etwa bei der Betreuung von Angehörigen nach einem Todesfall, Suizid oder einem Kindernotfall, über die Leitstelle des Roten Kreuzes alarmiert.

"SvE" steht für „Stressverarbeitung nach belastenden Einsätzen" und stellt eine Hilfestellung für Einsatzkräfte nach traumatischen Einsätzen dar.
"KIT" steht für „Krisenintervention" und ist eine psychologische Hilfeleistung für Angehörige und Opfer nach traumatischen Ereignissen.
Aus der wissenschaftlich fundierten Aufbereitung der Erfahrungen der zahlreichen Einsätze der vergangenen Jahre entstand ein umfassendes Konzept für die Ausbildung von psychosozialen Interventionsgruppen. Inzwischen sind auf der Basis dieses Konzeptes mehr als 175 SvE-KIT MitarbeiterInnen allein in Tirol ausgebildet worden. Das Tiroler Konzept stellt zudem die Basis für die österreichweit standardisierte Ausbildung von Kriseninterventionsteams des Roten Kreuzes dar.

Kinder sind, wie unsere Erfahrung der letzten Jahre gezeigt hat, sehr häufig involviert in traumatische Ereignisse. Vielfach werden jedoch ihre, auf Grund ihres Entwicklungsstandes und ihrer begrenzten Bewältigungsmöglichkeiten, ganz anderen Bedürfnisse und Ängste, übersehen. Auch psychosoziale HelferInnen meinen oft, ein Kind wäre während des traumatischen Ereignisses durch seine Bezugspersonen vor Schaden geschützt bzw. würde zu wenig vom Ereignis begreifen, um wirklich traumatisiert zu werden. Es ist uns daher ein besonderes Anliegen gewesen, die Besonderheiten der Reaktion von Kindern auf traumatische Ereignisse und die sich daraus ergebenden Anforderungen an die psychosoziale Betreuung von Kindern anhand des aktuellen Forschungsstandes, sowie anhand unserer eigenen Erfahrungen wissenschaftlich aufzuarbeiten.

1 Trauer bei Kindern

„Two of the best kept secrets of the twentiest century are that everyone suffers and that suffering can be used for growth. "(Lawrence LeShan, Jackson, 1993 zit. nach: Goldberg, 2000).

Besonders vor Kindern versuchen wir alles, was mit Tod und Sterben zu tun hat, zu verbergen. Wir wollen sie so vor Leid bewahren und sie möglichst lange im Zustand glücklichen Unwissens belassen. Aber können wir das wirklich? Tun wir Kindern damit etwas Gutes? Tatsache ist, dass Kinder in weitaus größerem Maß mit Leid, Tod und Sterben konfrontiert sind, als wir glauben und zugeben wollen.
Wenn Kinder nahe Angehörige verlieren brauchen sie unsere besondere Aufmerksamkeit. Kinder stellen in Hinblick auf die psychosoziale Betreuung eine besondere Gruppe dar, denn wenn Kinder nahe Angehörige verlieren, sind sie in speziellem Maße überfordert und hilflos. Erstens hängt es von ihrem Alter und Entwicklungsstand ab, wie sie das belastende Ereignis erleben und interpretieren, und zweitens stehen ihnen noch nicht die Bewältigungsstrategien zur Verfügung, die Erwachsene entwickelt haben.

1.1 Trauer

Unter Trauer versteht man allgemein den psychischen Zustand, der einem aktuellen oder wahrgenommenen Verlust eines bedeutsamen Objektes, Zustandes, oder einer bedeutsamen Beziehung folgt. Dieser Zustand kann Veränderungen auf der psychischen, der körperlichen und der Verhaltensebene bewirken. Wie alle Emotionen ist Trauer ein komplexes Phänomen, das aus verschiedenen Elementen besteht (Bänninger-Huber & Widmer, 1996, 1997,1999).

1. Auslösende Situationen:
Wie für jede Emotion gibt es auch für Trauer spezifische emotionsauslösende Situationen. Diese können rein intrapsychisch, etwa die Vorstellung eines drohenden Verlustes, aber auch external bedingt sein, wie beispielsweise der Tod einer geliebten Person oder der Verlust eines geliebten Objekts oder die Trennung von diesem.

2. Spezifische kognitive Bewertungen:
Um Trauer auszulösen muss die Situation vom Betroffenen als Verlust bewertet werden, sonst entsteht kein Trauergefühl. Je nach Vorbeziehung zum verlorenen Objekt, je nach Vorgeschichte der Person bzw. je nach der momentanen Verfassung der Person, die den Verlust erlebt, wird die Bewertung der Situation und der eigenen Bewältigungsmöglichkeiten unterschiedlich ausfallen.

3. Spezifisches subjektives Erleben:
Diese Emotionskomponente wird im Alltagsverständnis *Gefühl* genannt. Der Verlust einer geliebten Person kann allerdings neben Traurigkeit auch eine Reihe anderer Gefühle auslösen wie z.B. Angst, Schmerz, Wut, Schuldgefühle...

4. Spezifische physiologische Veränderungen:
Mit Trauer in Verbindung gebracht werden bestimmte physiologische Reaktionen, die, wenn sie längerfristig erlebt werden, auch zu Folgeer-

krankungen führen können. In diesem Zusammenhang wurde von Herzrasen, Enge in der Brust, Kopfschmerzen, Schlafstörungen etc. berichtet.

5. *Spezifischer Ausdruck*:
Neben weinen bzw. bestimmten mimischen Ausdrucksmustern wie z.B. herabgezogene Mundwinkel (Ekman & Friesen, 1978), kann der Trauerausdruck ebenso unterschiedlich sein, wie das beschriebene Trauererleben an sich.

6. *Spezifische Regulierungsprozesse*:
Regulierungsprozesse können auf drei verschiedenen „Ebenen" ablaufen:
Interaktiv: z.B. mit anderen über den Verstorbenen sprechen,...
Intrapsychisch: z.B. an den Verstorbenen denken, mit ihm selbst sprechen,...
Handlung: z.B. sich ablenken durch Arbeit, Fernsehen, Alkoholkonsum,...

Wenn wir von Trauer sprechen, meinen wir daher ganz unterschiedliche Bereiche: **Erleben** (Gefühl) (Englisch: „grief"), bestimmte **Verhaltensweisen** (zur Beerdigung gehen, Abschiedsrituale, weinen, ...) (Englisch: „mourning"), bestimmten **Prozess der Verlustbewältigung** (Englisch: „berievement"), der lange Zeit dauert und unterschiedliche Phasen enthält. Vom anfänglichen Schock über eine Phase der Verzweiflung und Wut bis hin zur Akzeptanz und Sinnfindung.

Besonders bei Kindern steht oft das Verhalten im Zentrum, da sie ihre Gefühle verbal schlecht ausdrücken können.

Freud ging davon aus, dass jede Beziehung positive wie negative Emotionen beinhaltet. Nach einer Trennung durch den Tod versucht der Trauernde, lt. Freud, negative Emotionen zu verleugnen, indem er sich mit dem verlorenen Objekt identifiziert. Das stört den Prozess der innerlichen Ablösung und kann melancholische und hysterische Symptome hervorrufen (Freud, 1917).

Bowlby (1969) entwickelte eine etwas andere Sichtweise über Trauer: Für ihn steht die Bindung an eine Bezugsperson im Zentrum. Bindung ist die (instinktgesteuerte) Entwicklung einer Bindungsbeziehung. Mit etwa acht Monaten hat das Kind eine personenbezogene Bindung entwickelt. Dies wird sichtbar an bestimmten Verhaltensweisen wie Trennungsangst und Fremdeln. Der drohende Verlust der Bindungsperson führt nun zur Aktivierung des Bindungsverhaltens, wie z.B. Ängstlichkeit, Anklammern, Weinen und Wut, zusammen mit einem Zustand physiologischer Übererregtheit (Bowlby, 1969). Trauer ist für Bowlby daher primär als aktiviertes Bindungsverhalten zu verstehen. Mittels der Trauer versucht die Person die Nähe zur Bezugsperson wiederherzustellen.

Während Bowlby jedoch als „Ziel" der Trauer das „Aufgeben des Suchens nach der Bezugsperson" definierte, glaubt man inzwischen, dass im Zentrum der Trauer nicht das Vergessen und die Loslösung stehen, sondern der Versuch, die Bezugsperson in der Erinnerung weiterleben zu lassen und somit die Bindung zu dieser aufrechtzuerhalten.

In Anlehnung an Freud (1917) wird angenommen, dass vor allem am Beginn des Trauerprozesses die negativen Elemente der Beziehung geleugnet werden. Besonders der plötzliche Tod der Bezugsperson zerreißt eine Beziehung oft ohne eine Gelegenheit sich zu verabschieden, sich nach einem Streit zu versöhnen, bestimmte gemeinsame Vorhaben durchzuführen etc. Dies erzeugt oft Schuldgefühle. Zudem erleben Menschen nach einem Verlust oft Wut auf die Bezugsperson, weil diese sie verlassen hat bzw. Wut auf das Schicksal, das ausgerechnet ihnen den Verlust zumutet.

Wut und Schuldgefühle sind daher diejenigen Emotionen, die neben dem eigentlichen Trauererleben am Anfang im Zentrum des subjektiven Erlebens von Trauer und der damit zusammenhängenden Bewältigungsversuche stehen.

Ein Schutzmechanismus, der von Anfang an wirksam ist, ist das Nicht-Wahrhaben-Können des Todes. Zeitweise leugnen Menschen den Tod und können es nicht glauben, dass die Bezugsperson nie wiederkommen wird.

Benjamin (17 Jahre), weigert sich vehement den Tod seines Vaters anzuerkennen. Immer wieder sagt er, dass sein Vater nicht tot wäre, es nicht stimme, was alle erzählen und ihn alle lügen würden.[1]

Bei kleineren Kindern ist dies oft durch ihr mangelndes Verständnis über die Endgültigkeit des Todes verstärkt.

---

[1] Fallbeispiel Nr. 1, entnommen aus den Einsatzprotokollen des SvE-KIT-Team Innsbruck-Stadt

Seit dem Unfalltod ihres Vaters, spricht die 5-jährige Angelika immer wieder davon, auch sterben zu wollen, um dann mit ihrem Papa nach Amerika zu gehen.[2]

Trauer ist jedoch nicht nur eine komplexe, aus unterschiedlichen Komponenten bestehende Emotion, sie ist zudem kein statisches, sondern ein prozesshaftes Phänomen, das sich mit der Zeit entwickelt. Eine Reihe von Forschern hat Trauer vor allem unter diesem zeitlichen Aspekt betrachtet. Nach ihrer Ansicht besteht Trauern primär darin, eine Gruppe von Annahmen aufzugeben und eine neue, an die Realität angepasste Sichtweise zu erwerben. Das geschieht während einer Übergangsphase, die einem größeren Verlust folgt. Drei unterscheidbare Aufgaben müssen dabei allgemein von den Trauernden bewältigt werden (Parkes 1971, zitiert nach Stroebe, Stroebe, & Hansson, 1992):

1. intellektuelle Anerkennung und Erklärung des Verlustes
2. emotionale Akzeptanz
3. Entwicklung einer neuen Identität

Auch bei Kindern stehen diese drei Aufgaben im Zentrum der „Trauerarbeit", wobei die intellektuelle Anerkennung des Verlustes diejenige Komponente ist, die am meisten durch den kognitiven Entwicklungsstand des Kindes geprägt ist.

Die emotionale Akzeptanz des Verlustes, sowie die Bildung einer neuen Identität ist bei Kindern gegenüber Erwachsenen insofern verlängert, als

---

[2] Fallbeispiel Nr. 2, entnommen aus den Einsatzprotokollen des SvE-KIT-Team Innsbruck-Stadt

dass das Kind die ursprüngliche Bindung zum verstorbenen Elternteil, solange aufrecht erhalten muss, bis es die sich im Jugendalter entwickelnde Ablösung und Entidealisierung des verstorbenen Elternteils vollzogen hat und somit eine eigenständige Identität aufgebaut hat.

1.2 Mythen über Trauer

Wenige emotionale Prozesse sind dermaßen von Mythen bestimmt wie der, der Trauer. Einige der für Kinder am bedeutsamsten Mythen (Goldman, 2000, S.22-33) seien im Folgenden erwähnt.

Mythos 1: Erwachsene können Kindern den Tod erklären!
Realität: Erwachsene können Kindern den Tod nur begrenzt erklären.
Sie sollten zugeben können, dass sie auch nicht alles wissen (siehe Kap. 1.6: Wie spricht man mit Kindern über den Tod?). Man kann Kindern zwar versuchen den Tod zu erklären, aber genau wie Erwachsene brauchen auch Kinder lange Zeit, bis sie das wahre Ausmaß des Verlustes begreifen.

Mythos 2: Trauer erfolgt in geordneten Stadien!
Realität: Jeder trauert anders.
Keine zwei Personen sind gleich und ebenso unterschiedlich ist ihre Trauer. Eine Einstellung, die dem Kind erlaubt individuell zu trauern, wäre beispielsweise die: „Erzähle mir über deine Trauer und ich versuche bei dir zu sein.".

Drei Kinder, deren Mutter Krebs hat, reagieren sehr unterschiedlich als diese ihre Haare wegen der Chemotherapie verliert. Der älteste Sohn weigert sich darüber zu sprechen wie sehr er sich schämt. Der Zweitälteste sah seine Mutter mit einer Perücke, versteckte seinen Kopf unter einem Handtuch und rannte weg. Der Kleinste spricht viel über seine Gefühle (Goldman, 2000).

Mythos 3: Die Trauer der Erwachsenen hat keinen Einfluss auf das Kind!
Realität: Ein trauernder Elternteil kann für das Kind zum Problem werden.
Die emotionale Abwesenheit und Unerreichbarkeit des trauernden Elternteils ist für das Kind ein zweiter Verlust.

Mythos 4: Erwachsene sollten es vermeiden über Dinge zu sprechen, die das Kind zum Weinen bringen!
Realität: Miteinander sprechen hilft dem Kind.
Offenheit und die klare Botschaft, dass weinen erlaubt ist, helfen dem Kind.

Mythos 5: Ein spielendes Kind trauert nicht!
Realität: Kinder trauern anders als Erwachsene.
Das Spiel hilft Kindern Gefühle zu bewältigen. Das Kind kann emotionale Schmerzen nicht so lange aushalten wie ein Erwachsener und geht daher oft ziemlich schnell wieder zum Spiel über. Es braucht das Spiel, um Kräfte zu sammeln.

Mythos 6: Kleine Kinder trauern nicht!
Realität: Kinder trauern bereits sehr früh.

Auch Zweijährigen sollte man den Tod erklären. Sie trauern ebenso wie ältere Kinder. Sobald eine personenbezogene Bindung aufgebaut ist, verursacht der Verlust eine Trauerreaktion. Auch für ein Zweijähriges ist es wichtig, Erinnerungen an den verstorbenen Elternteil aufzubewahren z.B. in Form eines Fotoalbums.

Mythos 7: Du wirst darüber hinwegkommen!
Realität: Dieser Ausspruch tröstet keinen Trauernden.

Trauern ist nicht gleich vergessen, man muss versuchen gute Wege der Erinnerung zu finden. Sätze wie „du wirst darüber hinwegkommen!" trösten Trauernde nicht, weil sie nicht darüber hinwegkommen wollen, denn das würde bedeuten den Verstorbenen noch einmal zu verlieren.

Mythos 8: Kinder sollten nicht am Begräbnis teilnehmen!
Realität: Kinder wollen an Entscheidungen beteiligt werden und an sozialen Trauerritualen teilhaben.

Wenn Kinder es wollen, sollte man sie an vielem teilnehmen lassen, allerdings mit Begleitung und der Erlaubnis, jederzeit zu gehen. Man sollte ein Kind allerdings niemals zwingen, zur Beerdigung mitzukommen.

1.3 Wie verstehen Kinder den Tod?

Wie bereits erwähnt, neigen wir dazu, Kinder von allem was mit Tod und Sterben zu tun hat, fernzuhalten. Wir wollen den Kindern die Sicherheit nicht nehmen und haben Angst davor, sie mit der Endgültigkeit des Todes und mit unseren negativen Gefühlen zu konfrontieren.

Je nach Alter und Entwicklungsstand macht sich ein Kind völlig unterschiedliche Vorstellungen vom Tod.

Vier Elemente des Todes verstehen Kinder besonders schwer. Diese vier Elemente sind auch für Erwachsene emotional schwer begreifbar, auch wenn Erwachsene *„theoretisch"* dazu in der Lage sind. Je mehr Erfahrungen Kinder mit dem Tod haben, desto früher verstehen sie diesen (Webb, 1993).

Irreversibilität:
>Eine tote Person kann nicht mehr zum Leben erweckt werden.

Universalität:
>Alle Menschen müssen irgendwann sterben.

Unvorhersehbarkeit:
>Man kann jederzeit sterben.

Unabwendbarkeit:
>Alle Lebewesen sterben irgendwann einmal, egal wie vorsichtig sie sind oder wie gut der Arzt sie behandelt.

Webb (1993) beschreibt das Verständnis der Kinder in Abhängigkeit von ihrem Lebensalter so:

<u>Das Kleinkind (0-2 Jahre)</u>
- ➢ Für Kinder unter acht Monaten gilt: „Aus den Augen aus dem Sinn".

➤ Kinder über acht Monaten haben schon stabile Bindungen zu bestimmten Personen aufgebaut. Sie suchen aktiv nach dem verschwundenen Elternteil, weinen und sind verzweifelt; zeigen also normales Trauerverhalten, können aber noch nicht verstehen, dass die verstorbene Person nicht mehr wiederkommt.

Das Vorschulkind (2-7 Jahre)

➤ Das Vorschulkind denkt magisch. Das magische Denken fördert Erklärungen wie: "Ich war nicht brav, deshalb ist meine Mutter gestorben." Das Kind glaubt, dass seine Handlungen den Tod herbeiführen können.

➤ Es denkt der Tod ist wie Schlaf und kann daher Angst vor dem Einschlafen entwickeln. Es braucht die Rückversicherung und Erklärung, dass man nicht stirbt, wenn man schläft. *Tanja findet ihre Mutter tot auf der Toilette, ist aber der Ansicht, dass diese schlafe und erzählt das auch ihrem Vater, als er von der Arbeit nach Hause kommt. "Die Mama schläft am Klo."* [3]

➤ Ein Kind in diesem Alter begreift die *Endgültigkeit des Todes* nicht. Außerdem glaubt es, dass der Tod rückgängig gemacht werden kann.

➤ Es nimmt an, dass man den Toten wieder ins Leben zurückholen kann. So denkt es eventuell, wenn es nur laut genug schreit, könne

---

[3] Fallbeispiel Nr. 3, entnommen aus den Einsatzprotokollen des SvE-KIT-Team Innsbruck-Stadt

es den toten Vater wieder aufwecken. Vielleicht glaubt das Kind auch, dass man ihn warm halten muss, damit er am Leben bleibt.
- Das Kind denkt, dass einige Körperfunktionen weitergehen. Auch wenn es das Begräbnis miterlebt, wird es nicht begreifen, dass der tote Körper im Grab nichts mehr fühlt und wird sich vielleicht Sorgen machen, wie ein Toter atmen kann mit all der Erde über sich oder wie er auf die Toilette gehen wird können.
- Das Kind mag denken, dass Tote in Kisten unter der Erde leben, die vielleicht untereinander durch Gänge verbunden sind. *John (6 Jahre): „Der Himmel ist ein Ort tief unter der Erde, tiefer als jeder Mensch gehen kann, sogar tiefer als ein Bagger graben kann. Dein Körper geht dorthin, wenn du tot bist." (Webb, 1993).*
- Das Kind hat eine unrealistische Vorstellung davon, wie lange das Leben dauert. So kann es z.B. von 150 Jahren oder ähnlichen Zeitdimensionen sprechen.

Das Schulkind (7-11 Jahre)
- Im Schulkindalter kann es schon begreifen, dass der Tod endgültig ist.
- Es kann auch erkennen, dass jeder früher oder später sterben wird (*Unvermeidbarkeit*),
- ohne jedoch zu begreifen, dass der Tod auch frühzeitig eintreten kann oder dass es auch selbst sterben könnte *(Allgemeingültigkeit).*
- In diesem Alter ist es sehr interessiert am Tod.
- Schulkinder glauben, dass der Tod nur Alte und Schwache trifft und dass man, wenn man nur schnell genug laufen kann, dem Tod

entkommt. Sie stellen sich den Tod als Person vor, als Skelett oder Geist.
- Das Kind denkt, dass der Tod durch klare, objektiv sichtbare Ursachen herbeigeführt wird (Krieg, Gift, Unfälle...).
- Es kann seine Gefühle und Gedanken zum Tod ausdrücken und den Glauben an ein Leben nach dem Tod verstehen.
- Kinder haben jetzt eine realistische Vorstellung darüber wie lange Menschen leben.

Das Kind von 9 bis 12 Jahren
- In diesem Alter beginnt das Kind zu begreifen, dass der Tod endgültig ist (*Endgültigkeit*),
- dass er jedem Menschen zustoßen wird (*Unvermeidbarkeit*),
- und dass auch junge Menschen sterben können (*Allgemeingültigkeit*).
- Ein Kind zwischen neun und zehn Jahren kann die konkreten Elemente des Todes verstehen, beispielsweise, dass die Körperfunktionen nicht mehr länger in Kraft sind.
- Mit elf bis zwölf Jahren kann es auch die abstrakten Elemente verstehen, wie z.B. Spiritualität oder ein Leben nach dem Tod.
- Jugendliche haben oft Schwierigkeiten den Tod emotional zu akzeptieren, weil er für sie weit weg und schwer kontrollierbar erscheint.
- Sie sprechen oft lieber mit Gleichaltrigen als mit Erwachsenen über den Tod.

1.4 Der Trauerprozess bei Kindern

Bei Erwachsenen wird angenommen, dass am Ende des Trauerprozesses eine innerliche Ablösung von der verstorbenen Person stattgefunden hat, sodass man sich wieder an andere Personen binden und neue Beziehungen eingehen kann. Bei Kindern ist das nicht so. Ein Kind, das ein Elternteil oder gar beide verloren hat, wird normalerweise bis ins Jugendalter an die Eltern gebunden bleiben und sich erst dann innerlich ablösen können. Die Trauerarbeit bei Kindern dauert daher ungleich länger als bei Erwachsenen und verläuft anders.

Fallbeispiele[4]

Fallbeispiel 4:
Gail (6 Jahre) berichtet über das Begräbnis ihres Vaters. Es war besonders wichtig für sie, dass jedes Familienmitglied eine Rose auf den Sarg legte. Sie erzählte, dass sie ihrem Vater gemeinsam zum Abschied gewinkt haben. Als es später daheim noch einmal eine Gedenkfeier gab, war sie verwirrt, weil sie dachte ihr Vater wäre noch einmal gestorben. Sie kann auch nicht verstehen, dass Weinen einem helfen sollte sich besser zu fühlen. Wenn sie weine, fühle sie sich immer schlecht. Sie erzählte auch, dass ihr dreijähriger Bruder immer noch glaubt, der Vater wäre nur weg und würde wiederkommen. Als sie beispielsweise aus den Ferien zurückkamen, dachte ihr Bruder, der Vater würde zu Hause sein und auf sie warten. Gail selbst glaubt ihr Vater wäre ein Engel im

---

[4] Alle drei Fallbeispiele stammen aus dem Buch: Webb, N.B. (1993). Helping Berieved Children, New York. Guilford, S. 10 13.

Himmel und würde sie von oben beobachten. Sie hat viele glückliche Erinnerungen an ihren Vater aber sie mag nicht gern darüber zu anderen sprechen, weil sie befürchtet, dass man sie für anders hält, als die anderen Kinder, und dass ihre Freunde sie hänseln werden. Gail mag es am Sonntagmorgen im Stuhl ihres Vaters zu sitzen. Dabei denkt sie dann, dass ihr Vater nur weg zur Arbeit sei und bald wiederkommen werde. Sie möge es nicht, wenn andere Leute in seinem Stuhl sitzen.

Fallbeispiel 5:

Peggy (9 Jahre). Ihr Vater starb bei einem Autounfall. Sie erinnert sich, dass ihr die Brust wehgetan hat als sie vom Tod ihres Vaters hörte. Sie hat geschrieen und war sehr zornig. Sie wollte, dass man sie allein lässt. Peggy kam nicht mit zur Beerdigung, nur zur Gedenkfeier, obwohl sie jetzt gerne zum Grab ihres Vaters geht. Sie sagt: "Ich glaube nicht, dass mein Vater jetzt da unter der Erde lebt. Ich denke an ihn als einen Geist der überall gleichzeitig ist."

Fallbeispiel 6:

Laurie (12 Jahre). Ihr Vater starb bei einem Flugzeugabsturz. Sie will alle Details über den Unfall wissen und kann am Anfang nicht glauben, dass er wirklich gestorben ist. Sie will ihre Mutter beschützen und schonen und traut sich nicht, sie über den Vater auszufragen, weil sie Angst hat ihr wehzutun. Sie mag es auch nicht, wenn andere über ihren Vater sprechen, weil ihr das weh tut. Laurie hofft, dass man die Asche ihres Vaters nicht am Friedhof beerdigt, sondern auf der Farm ihrer Großeltern ausstreut, weil sie so nicht auf den Friedhof gehen muss und das stellt sie sich leichter vor.

Wie an den Beispielen zu sehen ist, fühlen Kinder wie Erwachsene Verleugnung, Schmerz, Wut und Schuldgefühle bezüglich des Todes einer nahe stehenden Person. Wenn Erwachsene anerkennen, dass Kinder dieselben Gefühle haben wie sie selbst, können sie den Kindern dabei helfen zu erkennen, dass diese Gefühle berechtigt sind. Kinder können, anders als Erwachsene ihre Gefühle nur begrenzt verbal ausdrücken und tolerieren Schmerz nur sehr eingeschränkt. Daher hat man bei Kindern oft den Eindruck, sie würden schnell vergessen, weil sie schnell wieder anfangen zu spielen und zu lachen. Das liegt aber nur daran, dass sie extreme negative Gefühle immer nur für kurze Zeit aushalten können.

Tanja erzählt immer wieder, wie sie ihre Mutter gefunden hat. Zwischendurch wendet sie sich ab und spielt mit ihren Legobausteinen. Das Spiel wird immer wieder von bruchstückhaften Erzählungen des Erlebten unterbrochen. [5]

Kinder, speziell Kinder ab etwa 6 Jahren haben zudem oft Angst anders zu sein als andere Kinder und können sich daher nur begrenzt Trost von Freunden holen. Auch Gleichaltrige fühlen sich extrem unwohl bei dem Gedanken mit einem Freund zu sprechen, der eine nahe stehende Person verloren hat. Außerdem empfinden vor allem Schulkinder Weinen als kindisch und mögen es nicht, wenn sie jemand dabei beobachtet.

---

[5] Fallbeispiel Nr. 7, entnommen aus den Einsatzprotokollen des SvE-KIT-Team Innsbruck-Stadt

1.5 Trauerarbeit mit Kindern

1.5.1 Reaktionen von Kindern auf den Tod naher Bezugspersonen

Ebenso wie Erwachsene reagieren auch Kinder sehr unterschiedlich auf den Tod naher Bezugspersonen. Die Reaktionen von Kindern sind abhängig von/m:

- individuellen Verhaltensstilen
- Alter
- Entwicklungsstand

Erste Reaktionen von Kindern auf die Todesnachricht können sein (Silverman, 2000):

- Weinen
- über Trauer sprechen
- Aggression
- Fragen stellen
- Unglauben

Kleinere Kinder können sich nicht mit Worten ausdrücken, sie drücken ihre Verwirrung und Wut aktiver aus!

"David war neun Jahre alt. Als ich ihm sagte, dass sein Vater tot ist, schlug er auf mich ein. Alles was ich tun konnte war ihn zu halten. Später rannte er jedes Mal weg, wenn jemand erwähnte was passiert war und versteckte sich unter seinem Bett."(Silverman, 2000, S. 85).

Kleinere Kinder begreifen nicht, dass man zwei verschiedene Gefühle zugleich haben kann!

"Barbara sah ihren Vater gleich nachdem er gestorben war. Sie weinte und sagte wie traurig sie war. Als meine Eltern kamen war sie so froh, dass sie da waren, dass sie sagte: „Jetzt bin ich drüber hinweg, ich bin jetzt glücklich. Sie konnte mit ihren 6 Jahren noch nicht begreifen, dass man gleichzeitig glücklich und traurig sein kann." (Silverman, 2000, S. 85).

Besonders Kinder ab dem Schulalter drücken sich oft aggressiv aus!

"Ich zeigte meine Gefühle durch Fluchen und sagte das F-Wort und andere Wörter wie „Scheiße". Ich wollte etwas zerstören aber ich habe es nicht getan. Meiner Mutter war das damals egal" (Seth, 8 Jahre).

"Mein Bruder kam herein und sagte: „Mutter ist tot." Ich begann gegen die Wand zu treten und warf Dinge durch die Gegend. Ich zerbrach ein Bild in meinem Zimmer und warf es gegen die Wand. Ich war so wütend, rannte nur durch das Haus und trat überall dagegen. Wütend werden und treten und weinen und so. Ich weinte die ganze Nacht und schlief nicht. Ich denke meinem Vater wäre es lieber gewesen, ich wäre nicht so wütend gewesen, aber ich konnte nicht damit aufhören Dinge zu treten" (Duncan, 9 Jahre). (Silverman, 2000, S. 85).

Ältere Kinder kontrollieren sich mehr!

„Ich ging hinunter ins Schwesternzimmer. Ich war wütend. Dort stand ein Rollstuhl. Ich wollte ihn treten, aber ich kontrollierte mich. Niemand wusste wie ich mich fühlte." (Sandy, 11 Jahre) (Silverman, 2000, S. 85).

Spätere Reaktionen von Kindern (Silverman, 2000)

Das Kind erzählt Ereignisse nach (Tod, Beerdigung), träumt vom Verstorbenen, idealisiert oder imitiert diesen. Es denkt der Verstorbene sei bei ihm und spricht von diesem in der Gegenwartsform. Des Weiteren lehnt es Freunde ab, die einen ähnlichen Verlust erlebt haben oder die das Ereignis mit ihm erlebten. Außerdem wollen Kinder während der Schulzeit nach Hause telefonieren, sie können sich nicht konzentrieren oder brechen mitten in der Schulstunde in Tränen aus. Das Kind sucht genauere Informationen über den Toten oder über den Tod im Allgemeinen und macht sich große Sorgen um die eigene Gesundheit. Manchmal scheint es gar nicht zu trauern. Das Kind wird zum Klassenclown etc.

1.5.2 Was unterscheidet die Trauer der Kinder von der Trauer der Erwachsenen? (Webb, 1993, S.14)

1. Die kognitive Entwicklung des Kindes erschwert das Verständnis über die Endgültigkeit, die Unvermeidbarkeit und die Allgemeingültigkeit des Todes.

2. Kinder haben eine eingeschränkte Fähigkeit emotionale Schmerzen auszuhalten.
3. Sie haben eine eingeschränkte Fähigkeit ihre Gefühle zu verbalisieren.
4. Kinder haben Angst anders zu sein als ihre gleichaltrigen Freunde.

Was folgt daraus für die psychosoziale Betreuung von Kindern?

- Helfen Sie dem Kind den Tod zu begreifen.
- Erleichtern Sie das Abschiednehmen (eine Botschaft in den Sarg legen etc.).
- Sprechen sie die Gefühle des Kindes an und normalisieren sie diese.
- Lassen Sie das Kind am Begräbnis und allen anderen Familienritualen teilnehmen, wenn es dies wünscht. Sorgen Sie für eine adäquate Begleitung.
- Zwingen Sie das Kind zu nichts

Wann sollte professionelle Hilfe für das Kind gesucht werden?

Folgende Symptome, speziell wenn mehrere davon auftauchen, sind Anzeichen dafür, dass das Kind professionelle Hilfe braucht. Informieren Sie die Eltern und Betreuungspersonen darüber.

- Suizidandeutungen
- psychosomatische Beschwerden

- Schwierigkeiten in der Schule (Veränderung zu vorher)
- Längerfristige Albträume und Schlafstörungen
- gravierende Veränderungen im Essverhalten (Veränderung zu vorher)
- längerfristige Regression (Zurückfallen auf frühere Entwicklungsstufen, z.B. Bettnässen, oder Verlust von bereits vorhandenen Fähigkeiten).

Wenn Sie mit dem Kind professionelle Hilfe aufsuchen, ist es wichtig, dem Kind begreifbar zu machen, dass es nichts falsch gemacht hat, dass es Menschen gibt, die anderen helfen, wenn jemand in der Familie gestorben ist und dass das Kind nicht anders sind, als andere Kinder.

1.6 Wie spricht man mit Kindern über den Tod?

Der erste Schritt der Trauerarbeit ist Akzeptanz und Verstehen des Todes. Besonders wichtig ist daher wie man Kindern den Tod erklärt:

Allgemeine Richtlinien (Webb, 1993):

- Nur die Fragen beantworten, die das Kind selbst stellt.
- Die Fragen des Kindes ehrlich und sofort beantworten.
- Dem Kind versichern, dass es einen sicheren Platz in der Familie behalten wird.
- Kontinuierlich Zuwendung und Unterstützung geben.
- Immer dann mit dem Kind über den Sterbenden/Verstorbenen sprechen, wenn das Kind dies wünscht. Oftmals geschient dies, wenn Sie es am wenigsten erwarten. Kinder stellen oft wieder und wieder

dieselben Fragen. Beantworten Sie diese geduldig und immer wieder, sooft es das Kind wünscht.
➤ Geben Sie zu, dass auch Sie nicht alles wissen.

Kinder sind normalerweise neugierig, wollen wissen was passiert ist und Fragen stellen. Erklären Sie ihnen *offen* die Dinge, die geschehen sind. Ermutigen Sie die Kinder Fragen zu stellen. Wenn das Kind immer wieder dieselben Fragen stellt, denken Sie daran, dass es eine neue Erfahrung für das Kind ist und daher Erklärungen mehrmals hören muss, um sie verarbeiten zu können.

Im Unterschied zu Erwachsenen, die gerne mit ihren Freunden sprechen, reden Kinder ungern mit anderen Kindern über das Ereignis. Sie benutzen auch häufiger Ablenkungsstrategien als Erwachsene, was bei Eltern oft die Angst auslöst, das Kind würde zu sehr verdrängen.

Man sollte eine simple und direkte Sprache verwenden, wenn man Kindern versucht den Tod zu erklären. Vor allem Fakten sollten richtig geschildert werden, weil Kinder früher oder später dahinter kommen, wenn diese nicht stimmen.

Kinder nehmen Dinge, die ihnen gesagt werden oftmals wörtlich.

1.6.1 Das Übermitteln der Todesnachricht an das Kind

Wesentlich beim Übermitteln der Todesnachricht an das Kind sind folgende drei Elemente:

1. **Fakten** erklären
2. **Emotionen** erklären

3. **Sicherheit** geben

Folgende Beispiele (Goldman, 2000) sollen dies erläutern und veranschaulichen:

Schlecht: "Albert hat seine Mutter verloren."
Besser: "Alberts Mutter ist gestorben. Er wird sie sehr vermissen."

Schlecht: "Papa ist auf eine lange Reise gegangen."
Besser: "Papa ist bei einem Unfall gestorben. Wir sind alle sehr traurig, aber wir werden es zusammen schaffen, dass es uns mit der Zeit wieder besser geht."

Schlecht: "Es ist Gottes Wille!" oder "Gott hat ihn zu sich genommen, weil er so gut ist!" oder "Er ist im Himmel bei den Engeln!"
Besser: "Großvater ist letzte Nacht gestorben. Wir werden oft an ihn denken und können uns an die guten Dinge erinnern, die wir mit ihm erlebt haben."

Schlecht: "Großmutter schaut vom Himmel auf dich herunter (es ist besser, wenn du brav bist.)"
Besser: "Großmutter war sehr sehr alt und ist gestorben. Sie wird in unserer Erinnerung immer bei uns bleiben."

Schlecht: "Max ist schlafen gegangen (er ist jetzt im Himmel)".
Besser: "Max war sehr sehr krank und die Krankheit hat ihn sterben lassen. Niemand weiß wirklich ob er jetzt im Himmel ist. Manche Leute glauben das, andere nicht."

Fragen stellen erlauben

Wesentlich ist es im Anschluss an die Überbringung der Todesnachricht an das Kind, ihm das Gefühl zu vermitteln, dass es Fragen stellen darf, indem man es z.B. fragt, ob es etwas wissen möchte oder ihm versichert, dass es jederzeit Fragen stellen darf. Dabei ist besonders wichtig, nur die Fragen zu beantworten, die das Kind selbst stellt und das Kind nicht zum Sprechen zu zwingen.

- Denken Sie daran, dass Kinder das was gesagt wird, wörtlich nehmen, z.B. wenn Sie das Wort "Schlaf" für den Tod gebrauchen, kann das Kind Angst entwickeln, schlafen zu gehen.
- Versichern Sie sich, dass die Kinder die Antworten auf ihre Fragen verstanden haben.
- Hören Sie Kindern zu, wenn sie über ihre Gefühle sprechen und akzeptieren Sie diese. Sprechen Sie ehrlich über Ihre eigenen Gefühle.
- Denken Sie daran, dass Kinder, genau wie Erwachsene, mit unüblichem Verhalten reagieren können, z.B. mit plötzlichen Gefühlsschwankungen.
- Helfen Sie Kindern das Ereignis nachzuspielen.
- Zwingen Sie Kinder nicht zum Sprechen

Kinderfragen zum Tod (Goldman, 2000)

Kinder stellen viele Fragen. Um eine ungefähre Vorstellung davon zu bekommen, was Kinder nach dem Tod naher Bezugspersonen bewegt, möchten wir Kinderfragen zum Tod, wie sie die Therapeutin Goldman (2000) in ihrem Handbuch beschrieben hat, hier kurz darstellen:

Fragen an Gott:

Warum hast du meinen Vater umgebracht?
Der kleine Ryan, dessen Vater bei einem Flugzeugunglück ums Leben kam, stellt diese Frage im Spiel an Gott. Auf den Kommentar seiner Therapeutin „Du musst sehr wütend auf Gott sein", antwortete er: "Ja bin ich". Die Therapeutin beginnt mit ihm über seine Wut zu sprechen und gibt ihm Knetmasse. Er formt eine Figur für Gott und eine für das Flugzeug. Er zerstört danach beide Figuren und weint: "Ich hasse dich! Warum hast du meinen Vater umgebracht?". Danach sagt er: „Es ist nicht die Schuld von Gott, es ist die Schuld von niemandem" (Goldman, 2000, S. 75).

Fragen an den verstorbenen Elternteil:

Wie hast du dich gefühlt als du gestorben bist?
Denkst du an mich?
Gina fühlt sich sehr einsam nach dem Tod ihrer Mutter durch einen Autounfall und denkt viel darüber nach, ob ihre Mutter leiden hat müssen. Auf die Frage „was stellst du dir vor?", sagt sie: "Ich stelle mir vor, dass sie geblutet und viel Schmerzen hatte." Die Therapeutin schreibt mit ihr zusammen Fragen auf, die sie dann ihrem Vater stellen kann.

„Wie hat Mama ausgesehen?"

„Hat der Doktor gesagt sie hatte Schmerzen?"

„Was hat der Doktor gesagt?"

„Hast du sie sterben sehen?"

(Goldman, 2000, S. 75)

Fragen über das Vergessen:

Werde ich meine Mama vergessen?

Ted fürchtet sich davor, seine Mutter zu vergessen. Er versucht sich an ihre Stimme zu erinnern. Aber manchmal bekommt er Angst, dass er sie nicht mehr hören kann. Vor dem Einschlafen versucht er sich immer ihr Gesicht vorzustellen. Manchmal kann er das nicht. Die Therapeutin lädt ihn ein, gemeinsam ein Video von seiner Mutter und ein Fotoalbum anzuschauen. Sie ermutigt ihn auch Freunde und Verwandte zu bitten, ihm Fotos zu schicken (Goldman, 2000, S. 75).

Fragen über Klischees:

Warum sagen die Leute immer nur die Guten sterben jung?

„Obwohl meine Mama 30 war, als sie starb, ist meine Oma auch gut und sie ist schon 80. Ich bin erst acht Jahre, heißt das, dass Gott mich holen wird? Ich fürchte mich davor". Die Therapeutin spricht mit Sally über ihre Angst vor dem Sterben und darüber, wie ihre Mutter gestorben ist (Goldman, 2000, S. 76).

Fragen über das Erlaubte:

Darf ich an den Ort gehen, an dem er gestorben ist?

Mary, deren Bruder in einer Schiesserei umgekommen ist, möchte den Ort besuchen, an dem er gestorben ist. Sie fragt, ob das erlaubt sei. Nachdem sie dort war, sagt sie: „Ich fühlte, dass er bei mir war. Ich war froh, dass ich dort war" (Goldman, 2000, S. 77).

Fragen über das Schweigen:

Warum spricht niemand über meinen Papa?

Peggys Vater starb, als sie zehn Jahre alt war. Niemand in der Familie sprach über ihn. Er hatte sich umgebracht. Peggy sagt mit 15 Jahren: „Ich vermisse meinen Vater sehr, aber fast noch mehr vermisse ich es, dass ich nicht über ihn sprechen kann. Ich fühle mich so alleine" (Goldman, 2000, S. 77).

Fragen über Fakten:

Was genau ist passiert, als Mama starb?

Anna hörte viele verschiedene Geschichten über den Autounfall ihrer Mutter. Mit 13 Jahren will sie genau wissen, was damals passiert ist (Goldman, 2000, S. 77).

Fragen über die Unfähigkeit zu trauern:

Warum kann ich nicht (mehr) weinen?

Donna sagt, dass sie sehr viel geweint habe, als ihr Vater starb. Jetzt könne sie nicht mehr weinen. Sie möchte wissen, warum dies so ist. Die

Therapeutin fragt sie, ob jemand zu ihr gesagt hätte, dass weinen nicht gut wäre. Sie erzählt, dass bei der Beerdigung jemand zu ihr sagte, sie müsse jetzt stark sein (Goldman, 2000, S. 77).
Ein anderes Mädchen, deren Mutter gerade gestorben ist, sagt ganz erstaunt: „Ich kann gar nicht weinen". Die Antwort, dass man am Anfang oft nicht weinen könne, weil man den Tod noch nicht richtig begreifen kann, erleichtert sie sehr (Goldman, 2000, S. 77).

Fragen über das Sterben:

Wirst du auch sterben?

Sandra sorgt sich nach dem Tod ihrer Mutter sehr um den Vater. Sie fürchtet, er könne auch sterben. Ihre Therapeutin bastelt mit ihr eine „Sorgen-Kiste" mit Bildern aus Zeitschriften, die ihre Ängste zeigen. Ihr Vater geht zum Arzt und lässt sich einen Brief schreiben, in dem steht, dass er gesund sei. Diesen Brief bekommt Sandra und legt auch ihn in die Box (Goldman, 2000, S. 78).

Fragen über den Himmel:

Was ist der Himmel?

Michelle fragte sich, wie der Himmel sei. Sie schreibt eine Geschichte dazu und zeichnet ein Bild:
„Das ist, was der Himmel für mich ist. Es ist ein schöner Ort. Jeder wartet auf die Neuen, damit sie Freunde werden können. Sie warten auch auf ihre Familie. Sie haben es sehr lustig. Sie treffen all die Leute, die sie schon immer treffen wollten (wie Elvis). Es gibt dort viele Schlösser, wo die „Großen" leben, wie meine Mutter. Es gibt jedes Es-

sen, das du willst und alles zu tun was du möchtest. Es gibt auch Disco. Meine Mama mochte gern tanzen. Ich denke sie tanzt im Himmel. Tiere dürfen auch hinein (Meine Mama liebte Tiere). Frag sie wie es Trixie geht, das ist ihr Hund der gestorben ist. Sag ihr, dass ich sie lieb habe." Michelle (11 Jahre) (Goldman, 2000, S. 79).

Fragen über Schuld:

Bin ich Schuld an Papas Tod?
Henrys Vater nimmt ihn mit in den Park und setzt sich mit ihm auf eine Bank, wo er sich erschießt. Henrys Mutter sagt, er sei Schuld, weil er den Vater nicht davon abgehalten habe. Henry denkt das auch. Einige Jahre nach dem Tod seines Vaters denkt er daran, wie es wäre jemanden umzubringen, damit er einmal fühlt wie das ist (Goldman, 2000, S. 76).

Fragen über Sicherheit:

Was kannst du tun, damit ich keine Angst um dich haben muss?
Susi möchte ihren Vater nicht mit dem Bruder im Auto fahren lassen, weil ihre Mutter bei einem Autounfall gestorben ist. Sie schlägt die Tür zu und fängt an zu weinen. Auf die Frage „warum willst du das nicht?", sagt sie: „Ich habe Angst dass er stirbt so wie Mama". Auf die Frage „was könnte dein Vater tun, damit du dich sicher fühlst?", fallen Susi viele Vorschläge ein. Sie traut sich nicht sie dem Vater zu sagen, also schreibt sie einen Brief:

Lieber Papa,

ich habe Angst, dass du so stirbst wie Mama, wenn du das Auto nimmst und übers Wochenende wegfährst. Bitte leihe dir Onkel Peters Jeep. Er ist neu und hat Airbags. Bitte fahr langsam und schnall dich an.
Deine Susi

P.S. Rufst du mich an, wenn du ankommst? (Goldman, 2000, S. 81).

Fragen über das Danach:

Was kommt nach dem Tod?
„Ich bin nicht sicher. Die Leute kommen nicht zurück, um es uns zu sagen. Aber die Menschen verbringen viel Zeit damit, sich diese Frage zu stellen. Manche Menschen denken, dass wir zur Natur zurückkehren, andere glauben, dass wir mit Gott leben, wieder andere denken, dass das Leben einfach aufhört. Manche glauben, dass der Geist in irgendeiner unbekannten Art weiterlebt."
„Ich glaube, dass der Geist weiterlebt!" (Peter, 7 Jahre) (Silverman, 2000, S. 5).

Wesentlich ist, das Kind folgendes immer wieder wissen zu lassen:

- „Er wird in deinem Leben nicht mehr da sein, aber er ist in deiner Erinnerung."
- „Ich bin traurig, habe Angst, bin zornig darüber was mit ihm passiert ist. Ich fühle mich allein ohne ihn."

- ➢ „Wir werden Bilder von ihm aufbewahren."
- ➢ „Wir werden ihn vermissen."
- ➢ „Wir sind traurig, aber wir werden es gemeinsam durchstehen."
- ➢ „Wir bleiben trotzdem eine Familie."

Wesentlich ist auch, das Kind an Entscheidungen teilhaben zu lassen, um Gefühle der Hilflosigkeit zu vermindern:
- ➢ Stellen Sie dem Kind Fragen darüber, was beispielsweise mit den Kleidern des/der Verstorbenen passieren soll oder welche Blumen am Grab gepflanzt werden sollen.
- ➢ Berücksichtigen Sie die Wünsche des Kindes.

1.6.2 Goldman (2000) schlägt folgende Materialien zur Trauerarbeit mit Kindern vor

Hilfestellungen zur Erinnerung:
- ➢ Erinnerungskästchen
- ➢ Erinnerungsalbum
- ➢ Erinnerungsbuch

Hilfestellung zum Ausdrücken negativer Gefühle:
- ➢ Knetmasse
- ➢ Puppen
- ➢ Zeichenmaterial

1.7 Sonderfall Selbstmord

Auch bei Selbstmord steht zunächst das Verstehen im Zentrum. Kinder denken mehr über Suizid nach, als Erwachsene ihnen zutrauen. Sie sehen Selbstmord im Fernsehen, hören Erwachsene darüber reden und sprechen untereinander davon.

Brian und Mishara (1999) führten eine Untersuchung mit Kindern zwischen sechs und zwölf Jahren durch, um herauszufinden, wie und wann Kinder Selbstmord zu verstehen beginnen.

1.7.1 Wie entwickelt sich das Verständnis von Selbstmord?

Motivation zum Selbstmord:
Bereits Volksschulkinder wissen, „wenn Personen sterben, dann wollen sie das nicht, wenn sie sich umbringen, dann wollen sie es wirklich".
Wenn Kinder älter werden oder mehr Erfahrung mit Selbstmord haben, entwickeln sie eine genauere Vorstellungen über die Motive: „Ein fehlender Wille zu leben, Konflikte mit den Eltern, psychische Erkrankung, Trauer." (Brian & Mishara, 1999, S.108ff).

Dynamik des Selbstmords:
Die Autoren stellten Kindern unter anderem die Frage: „Kann ein Tier Selbstmord begehen?", um herauszufinden, wie viel Kinder von Suizid verstehen.

Sechsjährige sagen z.B.: „Ein Tier kann traurig werden, wenn seine Mutter stirbt und es kann auf die Straße gehen, um sich von einem Auto überfahren zu lassen."
Erst ältere Kinder begreifen, dass ein Tier nicht Selbstmord begehen kann und es ihm nicht möglich ist, über sein Leben nachzudenken und sich Sorgen zu machen.
Ältere Kinder verstehen, dass Ereignisse oder psychische Zustände, Suizid erklären können. Kleinere meinen, dass die Fähigkeit eine Waffe zu benutzen, das Ausschlaggebende für suizidale Handlungen ist. So sagt ein Sechsjähriger zum Beispiel: „Ein Tier kann nicht Selbstmord begehen, weil es kein Gewehr halten kann." (Brian & Mishara, 1999, S.108ff).

Kinder, die Erfahrungen mit Suizid oder Suizidversuchen naher Bezugspersonen haben, reagieren in besonderer Weise (siehe Kap. 3.1.3.: Selbstmord eines Elternteils).

2 Psychotraumatologie bei Kindern

2.1 Was ist ein Trauma?

Im Diagnosemanual DSM IV (1993) ist Trauma definiert als tatsächlicher oder drohender Tod oder ernsthafte Verletzung, bzw. eine Gefahr der körperlichen Unversehrtheit der eigenen Person oder anderer Personen. Die Reaktion der Person umfasst intensive Furcht, Hilflosigkeit oder Entsetzen (DSM IV, 1993).

Noch 1987 definierte man Trauma als ein Ereignis, das außerhalb der normalen Bandbreite menschlicher Erfahrungen liegt (DSM III-R, 1987).

Erstmals werden auch Beispiel genannt, wie:
- ➢ Lebensbedrohung
- ➢ Involviertsein in eine Katastrophe
- ➢ Bedrohung der physischen Integrität usw.

1993 änderte sich einiges an dieser Definition. Die Änderung erfolgte zum Teil auch auf Grund der, von vielen Forschern (z.B. Simpson, 1993) geäußerten Kritik, dass für viele Menschen, besonders in der Dritten Welt ein Trauma kein einmaliges, in eine ansonsten geordnete Realität einbrechendes Ereignis, sondern alltägliche Erfahrung darstellt. Im DSM IV (1993) definierte man Trauma daher, als ein *„Lebensbedrohendes oder die körperliche Integrität bedrohendes Ereignis (an einem selbst oder an anderen)* **und** *erlebte Hilflosigkeit"*. Wesentlich an dieser Definition ist die Einbeziehung objektiver (Tod, Lebensbedrohung oder Verletzung der körperlichen Integrität) und subjektiver (erlebte Hilflosigkeit) Aspekte des Traumas und die Aufgabe der Orientierung an einer (fragwürdigen) Norm.

Warum ist der subjektive Aspekt bedeutsam?

Manche Menschen leben andauernd in potentiell traumatisierenden Bedingungen, erleben sich aber selten als hilflos und überrollt, z.B. Ärzte, Krankenschwester, Pfleger, Sanitäter – würde für diese Personen zum Beispiel immer ein Trauma bestehen, wenn z.B. ein Patient stirbt, dann wären sie schnell arbeitsunfähig.

Warum ist der objektive Aspekt bedeutsam?

Würde man Trauma nur subjektiv, zum Beispiel als ein Ereignis, das in der Einschätzung des Individuums dessen Ressourcen überfordert, definieren, so würde es Schwierigkeiten in der Unterscheidung des Traumas von anderen, auch positiven, einschneidenden Lebensereignissen, wie zum Beispiel der Geburt eines Kindes geben. Ein Trauma ist jedoch nicht gleichzusetzen mit einem Kritischen Lebensereignis; dies käme einer Bagatellisierung gleich.

Eine sehr gute und anregende Diskussion zur Problematik des Ineinandergreifens von objektiven und subjektiven Faktoren des Traumas findet sich in der Literatur von Fischer & Riedesser (1998).

2.2 Akute Belastungsreaktion bzw. -störung

Im Diagnosemanual ICD-10 (1992) werden typische Reaktionen von Personen während bzw. unmittelbar im Anschluss an traumatische Ereignisse beschrieben. Diese werden "Akute Belastungs**reaktion**" genannt.
Folgende Reaktionen sind während bzw. unmittelbar nach der traumatischen Situation in den **ersten zwei bis drei Tagen** normal (ICD10 - Akute Belastungsreaktion, F43.0):

> **Überwältigung:**
> Opfer/Angehörige fühlen sich völlig hilflos und vom Ereignis überwältigt.

> **Bewusstseinseinengung und Desorganisiertheit:**
> Opfer/Angehörige zeigen eine gewisse Unstrukturiertheit im Denken. Details werden überbewertet, wichtige Dinge ausgeblendet.

> **Übererregtheit (Arousal):**
> Hohe physiologische Erregtheit, Angstzustände oder eigene Grundbedürfnisse werden nicht wahrgenommen (z.B. Schlafen, Essen).

> **Dissoziation und emotionale Taubheit:**
> Bestimmte Teile des Ereignisses erscheinen unreal; der eigene Körper wird nicht adäquat wahrgenommen. Emotionen scheinen nicht verfügbar zu sein (WHO, 1992, S. 155 ff.).

Im Unterschied dazu spricht das Diagnosemanual DSM IV (1993) unter der Kategorie 308.3; F 43.0 von "Akuter Belastungs**störung**" und bezieht sich damit auf klinisch relevante Reaktionen im Laufe des ersten Monats nach dem traumatischen Ereignis. Typische Reaktionen in den ersten Tagen und Wochen danach (DSM IV, Akute Belastungsstörung) sind folgende vier Symptombereiche, welche in gewisser Wechselwirkung zueinander stehen:

- **Dissoziation:**
  mindestens ein Symptom aus den Bereichen: emotionale Taubheit, Derealisation, Depersonalisation, dissoziative Amnesie, Beeinträchtigung der bewussten Wahrnehmung.
- **Intrusionen:**
  ständige sich aufdrängende Erinnerung an das Ereignis auf mindestens eine der folgenden Arten: Bilder, Gedanken, Träume, Gerüche, Geräusche, Illusionen, Reminder.
- **Angst oder Übererregtheit:**
  in deutlicher Intensität: Schlaf-Essstörungen, Reizbarkeit...
- **Vermeidung:**
  in deutlicher Intensität: Nicht Wahrhaben Können, Abwehr der Erinnerung...

(Wittchen, 1994, S. 495ff.)

Intrusionen:

Das Ereignis bricht immer wieder unkontrolliert in das Bewusstsein der betroffenen Personen ein. Sie bringt die Bilder nicht aus dem Kopf, den Geruch nicht aus der Nase, das Geräusch nicht aus den Ohren, spricht ständig von dem Ereignis, ...

Bei Kindern sind meist „Einbrüche" ins Spiel, bei denen das Kind Teile des traumatischen Ereignisses nachspielt, zu beobachten (siehe Merkmale des traumatischen Nachspielens).

Übererregtheit (Arousal):
Gleichzeitig kann man auch auf physiologischer Seite nicht „abschalten". Z.B. Schlaf - Essstörungen, Reizbarkeit, ...

Vermeidung:
Aufgrund der besonderen Belastung durch die ungebetenen Erinnerungen, versuchen Betroffene oft, Gedanken an das Ereignis zu vermeiden, bzw. können die Realität des Geschehenen nicht wahrhaben.
Kinder zeigen zum Beispiel vermindertes Interesse an Dingen, die sie früher erfreut haben und vermeiden Orte oder Personen, die sie an das Ereignis erinnern.

Dissoziation:
<u>Derealisationserleben:</u> Das Gefühl, das Ereignis läuft neben einem ab; man kann sich an einzelne Aspekte nicht erinnern; Veränderung des Zeitgefühls. Betroffene glauben, dass das Ereignis länger dauerte, als es in der Wirklichkeit tatsächlich war.
<u>Depersonalisationserleben</u>: Das Gefühl nicht in seinem Körper zu sein z.B. über sich zu schweben und sich selbst zuzuschauen.

Eingeschränkte Bandbreite an erlebten Emotionen/emotionaler Taubheit/Vermeidung:
Parallel kann unter Umständen nicht die gesamte Bandbreite an möglichen Emotionen gefühlt werden. So kann man sich emotional abgestumpft fühlen, dann das Geschehene nicht wahrhaben. *Kinder zeigen z.B. vermindertes Interesse an Dingen, die sie früher erfreut haben.*

Diese vier Reaktionsbereiche sind normale Reaktionen, als „Antwort" auf ein traumatisches Ereignis, die normalerweise innerhalb der ersten vier Wochen nach diesem wieder abklingen. Sie unterscheiden sich allerdings deutlich je nach Individuum in ihrer Intensität. Die betroffenen Personen erleben diese Reaktionen oft als absolut nicht normal, da sie massive Belastungen und Einschränkungen darstellen.

2.2.1 Welche Funktionen haben diese Reaktionen?

Intrusionen:
Laut Freud müssen die Ereignisse sprachlich, also bewusst verarbeitet werden, weil sonst die physiologische Erregung nicht abgebaut werden kann (Freud, 1926).
Horowitz (1997) betont die positive und verarbeitungsfördernde Funktion von Intrusionen.

Übererregtheit:

Es kommt zur Überproduktion von Stresshormonen, diese müssen langsam wieder abgebaut werden (siehe dazu z.B. Van der Kolk, B., Mc Farlane, A.Weisaeth, L., 1996).

Vermeidung :

Ist nach Horowitz ein „Schutzmechanismus", der die negativen Emotionen auf einem bewältigbaren Level hält (z.B. Horowitz, 1997).

Emotionale Taubheit/Dissoziation:

Emotionale Taubheit und Dissoziation können als „Schutzmechanismen" auf körperlicher Ebene betrachtet werden. Längerfristig angewendet, kann dieser „Schutz", ebenso wie Vermeidung, zum Problem werden. Je höher die Dissoziation, umso höher ist die Gefahr, dass die Person eine posttraumatische Belastungsreaktion aufweisen wird (z.B. Fischer & Riedesser, 1998). Dissoziation hängt mit der Intensität der Bedrohung zusammen und gilt als guter Vorhersagefaktor für eine Posttraumatische Belastungsstörung (PTBS).

Zusammenfassend lässt sich feststellen:

Im Rahmen von Intrusionen und Übererregtheit findet eine Konfrontation und Verarbeitung statt. Vermeidung und Dissoziation stellen eine Art Schutz für den betroffenen Menschen dar und halten die Überwältigung in einem bearbeitbaren Maß.

Um eine positive Bewältigung zu gewährleisten, ist es nach Horowitz (z.B. 1997) notwendig, eine Balance zwischen diesen zwei Bereichen, sprich Überwältigung und Vermeidung herzustellen.

Horowitz (z.B.1997) ist der Meinung, dass das traumatische Ereignis einen „Informationsüberschuss" produziert. Jeder hat, seiner Ansicht nach, unbewusste Grundannahmen, die das Gefühl der Sicherheit geben. Diese sind zum Beispiel die Überzeugung der

➢ Unverwundbarkeit
➢ Kontrolle
➢ Gerechtigkeit.

Das traumatische Ereignis erzeugt nun einen Widerspruch zwischen erlebter Realität und Grundannahmen. So kann beispielsweise ein schwerer Unfall die Annahme der eigenen Unverwundbarkeit in Frage stellen. Um diese Annahme aufrecht zu erhalten, kann die Person z.B. die Idee entwickeln, sie hätte den Unfall verhindern können. Bis neue Grundannahmen erstellt oder die alten korrigiert werden, ist das Ereignis ständig präsent und kann nicht verarbeitet werden. Extreme Gefühle wie zum Beispiel Angst, Wut oder Schuldgefühle treten auf. Kleine Bestandteile im traumatischen Ereignis, die an und für sich keine Vorhersagekraft haben konnten, werden von traumatisierten Personen als „Vorzeichen" gesehen.

Bei Kindern ergibt sich das besondere Problem, dass das wiederholte Erleben traumatischer Ereignisse den Aufbau der Grundüberzeugungen von Unverwundbarkeit, Grundvertrauen in andere Personen, sowie Gerechtigkeit der Welt verhindern und damit die Persönlichkeitsentwicklung nachhaltig beeinträchtigen kann. Traumaverarbeitung bei Kindern muss daher noch mehr, als bei Erwachsenen, als ein Prozess des (Wieder-) Aufbaus von Grundvertrauen in sich selbst und in die Welt betrachtet werden.

2.3 Posttraumatische Belastungsstörung (PTBS)

Die Diagnose der Posttraumatischen Belastungsstörung (309.81; F 43.1; Wittchen, 1994, S. 491 ff.) darf nicht vor Ablauf eines Monats nach dem Ereignis und nicht ohne das Vorliegen klinisch relevanter, den Alltag der Person beeinträchtigender Symptome gestellt werden. Sie ist gekennzeichnet durch:

- Anhaltende **Intrusionen** :
  unkontrollierbare Erinnerungen. *Bei Kindern traumabezogenes Spiel.*
- Anhaltende **Vermeidung** :
  Vermeidung von Orten, Gedanken, Personen, die an das Ereignis erinnern oder Abflachung der Reagibilität.
- Anhaltendes **Arousal:**
  physiologische Übererregtheit erkennbar z.B. an Schlafstörungen, Essstörungen, aggressivem Verhalten...

Zusätzlich zu den Symptomen der Posttraumatischen Belastungsstörung berichten zahlreiche Autoren (z.B. Machsoud, 1993) bei Kindern von:
- erhöhtem Zuwendungsbedürfnis
- Angst
- Regressionen

➢ Schuldgefühlen nach traumatischen Ereignissen.

(1) an increase in attachment behaviour toward parents or siblings;

(2) the presence of separation anxiety symptoms;

(3) loss of recently acquired developmental skills, especially among younger children;

(4) fear of the recurrence of the trauma; and

(5) feelings of guilt over surviving the traumatic event, especially among older children (Macksoud, 1993, p. 627).

2.4 Wie reagieren Kinder auf Notfälle?

Kinder können auf Notfälle mit erhöhter Ängstlichkeit und Verhaltensproblemen reagieren. Kleinere Kinder können wieder frühere Verhaltensweisen zeigen (Regressionen) wie z.B. Bettnässen, Daumenlutschen oder Weinen, wenn Bezugspersonen den Raum verlassen. Ältere Kinder können mit Aggression oder Rückzug reagieren. Auch diejenigen Kinder, die mit dem Notfall nicht in direkten Kontakt gekommen sind, sondern die nur indirekt, über dritte Personen betroffen sind, können Probleme entwickeln. In den meisten Fällen sind diese Reaktionen zeitlich begrenzt und hören bald wieder auf. Bestimmte Auslöser, wie z.B. Rettungssirenen, Flugzeuggeräusche oder andere Dinge, die an das Unglück erinnern, können die Angst aber immer wiederkehren lassen.

2.4.1 Wie geht man mit Kindern nach Notfällen um?

Kinder ahmen die Art und Weise nach, wie Erwachsene auf das Geschehen reagieren. Sie können die Unsicherheit und Trauer der Erwachsenen spüren. Kinder behalten normalerweise Kontrolle über die Situation, indem sie Gefühle und Körpersprache von Erwachsenen "lesen". Aus diesem Grund ist es besonders wichtig, dem Kind die emotionalen Reaktionen der Erwachsenen zu erklären.

2.5 Grundregeln im Umgang mit traumatisierten Kindern

Folgende sechs Grundregeln im Umgang mit traumatisierten Kindern haben sich in unserer Arbeit als besonders wesentlich erwiesen:

1. Offenheit erlauben
2. Fragen stellen erlauben
3. Schmerz und Ängste teilen
4. Zuwendung geben
5. Alltagsroutinen einhalten
6. klare Grenzen setzen

Offenheit erlauben:
Erwachsene sollten ihre wahren Gefühle mit den Kindern teilen, ohne dass dadurch die grundlegende Sicherheit und Ruhe verloren geht, die das Kind für sein Wohlbefinden braucht.

Fragen stellen erlauben:
Hören Sie dem Kind zu und beantworten Sie seine Fragen ehrlich.
Wenn das Kind Fragen über das Ereignis stellt, beantworten Sie diese einfach und ohne genaue Erklärungen, die ein älteres Kind oder ein Erwachsener brauchen würde. Falls das Kind Schwierigkeiten haben sollte, sich auszudrücken, erlauben Sie ihm ein Bild zu zeichnen oder eine Geschichte über das was passiert ist, zu erzählen.

Schmerz und Ängste teilen:
Versuchen Sie zu verstehen, was die Ängste des Kindes auslöst.
Seien Sie sich bewusst, dass das, was Kindern am meisten Angst macht, oft die Furcht davor ist, dass
- das Ereignis wieder passieren wird
- jemand getötet werden wird
- sie getrennt werden von der Familie
- sie allein gelassen werden

Zuwendung geben:
Erwachsene können Notfälle für Kinder weniger belastend machen, indem sie **Sicherheit geben, aufrichtig und behütend sind.**

Alltagsroutinen beibehalten:
Kinder erfahren Sicherheit zum großen Teil daraus, dass ihre Umgebung u.a. aufgrund von Alltagroutinen vorhersehbar ist. Nach einem Notfall sollten Sie daher so schnell wie möglich wieder **Alltagsroutinen einkehren lassen** (Essen und Schlafen gehen zu gewohnten Zeiten, Familienrituale etc.). Häufig werden Alltagsroutinen nach einem Unglück zunächst

nicht eingehalten, das verunsichert Kinder zusätzlich und verstärkt die Angst, dass ihre Welt zusammenbricht.

<u>Grenzen setzen:</u>

Kinder sind nach traumatischen Ereignissen oft irritierbar und verhalten sich aggressiv. Setzen Sie, auf verständnisvolle Weise und ohne Anwendung von Gewalt, klare Grenzen. Das gibt dem Kind Sicherheit.

2.5.1 Tipps für Eltern[6]

➢ Wenn Kinder nahe Angehörige verloren haben, sprechen Sie offen darüber. Erklären Sie ihnen den Tod und dass er endgültig ist.

➢ Lassen Sie, sobald es geht, den Alltag wieder einkehren. Kinder brauchen gewohnte Abläufe von Essen, Schlafen etc. Das gibt ihnen das Gefühl der Sicherheit.

➢ Nehmen Sie die Ängste Ihrer Kinder ernst. Auch phantasierte Ängste sind für Kinder real.

➢ Halten Sie die Familie zusammen. Auch wenn es Ihnen besser erscheint, das Kind an einem sicheren Ort zu lassen während Sie z.B. bestimmte Dinge organisieren müssen, eine Unterkunft oder Hilfe suchen, ist es für das Kind besser, wenn es bei Ihnen bleiben kann.

➢ Beziehen Sie die Kinder in den Wiederaufbauprozess ein. Lassen Sie die Kinder so viel mithelfen wie es nur geht. Wenn die Kinder sehen, dass es möglich ist, zu einem normalen Leben zurückzukehren, werden sie verstehen, dass die Welt nicht untergegangen ist.

➢ Erlauben Sie den Kindern, einige Entscheidungen zu treffen, die die Familie betreffen. Das gibt ihnen das Gefühl, dass sie noch immer Kontrolle über ihr Leben haben.

---

[6] Die folgenden Richtlinien zum Umgang mit Kindern nach Notfällen stammen vom Amerikanischen Roten Kreuz (Federal Emergency Management Agency) und können unter der Internetadresse http://www.fema.gov/home/fema/childref.html nachgelesen werden.

- Lassen Sie den Kindern Zeit zum Spielen. Kinder müssen Kinder sein dürfen, auch während einer Katastrophe, sie brauchen Zeit, um vor den Anforderungen zu fliehen. Ermutigen Sie die Kinder zum Spielen und helfen Sie ihnen dabei.
- Erhöhen Sie die Zuwendung und Aufmerksamkeit. Kinder wollen normalerweise nach einer Katastrophe mehr Nähe und mehr gehalten werden als davor. Geben Sie den Kindern die Zuwendung, die sie brauchen.
- Behalten Sie die Kontrolle. Erklären sie den Kindern, dass Sie alles tun werden, um sie zu beschützen in dieser schwierigen Situation. Seien Sie verständnisvoll, aber konsequent. Kinder können ihre Ängste durch Trotzanfälle ausdrücken oder dadurch, dass Sie ständig Kämpfe anfangen. Ruhiges und konsequentes Grenzen-Setzen ist am besten.
- Teilen Sie Ihre Ängste/Trauer mit den Kindern. Ein Teil Ihrer Ängste/Trauer sollte mit den Kindern geteilt werden. Dadurch verstehen sie, dass diese Gefühle normal und akzeptierbar sind. Wenn Sie allerdings vollkommen überwältigt sind von Ihrer Trauer oder Ihrem Schmerz, so macht dies Kindern Angst.

2.6 Hilfe für Kinder nach Notfällen

Die nun folgenden Beschreibungen der Symptome der Kinder in Abhängigkeit von ihrem Alter bzw. die daraus resultierenden Anforderungen an die psychosoziale Hilfestellung, stammen aus einer Untersuchung an Kindern nach dem Erleben von Gewalt (Pynoos & Nader, 1988).

2.6.1 Kinder unter zwei Jahren ...

... können mit erhöhter Irritierbarkeit, vermehrtem Weinen und erhöhtem Zuwendungsbedürfnis reagieren.

- ➤ Informieren Sie die Eltern darüber, dass sie dem Kind mehr Zuwendung geben, beim Einschlafen dabeibleiben und Geduld haben sollen.
- ➤ Unterstützen Sie die Eltern, wenn diese nicht in der Lage sind, den Bedürfnissen des Kindes adäquat zu begegnen.

2.6.2 Kinder von 2-6 Jahren ...

... können sich in Notfällen kaum schützen. Besonders, wenn Eltern mit Angst und Unsicherheit reagieren oder selbst verletzt werden, kann das Kind mit intensiver Angst reagieren.

- ➤ In den Wochen nach dem Ereignis wird das Kind einzelne Elemente des Ereignisses nachspielen. Bereiten Sie die Eltern und Lehrer darauf vor und ermutigen Sie sie, das Kind dabei zu unterstützen

und vor allem auch die Rettungsmaßnahmen mit ihm nachzuspielen. Auch Zeichnen ist eine gute Methode.
➢ Geben Sie Sicherheit.
➢ Geben Sie dem Kind die Möglichkeit sich auszudrücken.
➢ Lassen Sie das Kind spielen.
➢ Erklären Sie dem Kind was passiert ist.

Symptome	Psychische Erste Hilfe
Hilflosigkeit und Passivität	Unterstützung geben, für Ruhe, Behaglichkeit, Essen sorgen, Gelegenheit zum Spielen, Malen oder Zeichnen geben
generalisierte Angst	Erwachsenes "Schutzschild" wiederherstellen
kognitive Verwirrung (z.B. nicht Verstehen, dass die Gefahr vorüber ist)	wiederholte konkrete Erklärung geben
Schwierigkeiten, zu definieren was sie belastet	Wörter bereitstellen für gewöhnliche Stressreaktionen
Schwierigkeiten zu verbalisieren (z.B. partieller Mutismus, repetitives nonverbales Nachspielen des traumatischen Ereignisses, unausgesprochene Fragen)	Dem Kind helfen, die Gefühle und Beschwerden zu verbalisieren, damit es sich nicht so allein damit fühlt.
traumatischen Reminde (Dinge, die sie an das Ereignis erinnern) magische Qualitäten zuschreiben	Das was passiert ist, von physikalischen Umständen trennen (z.B. einem Haus, einer Parklücke etc.)
Schlafstörungen, Albträume, Furcht schlafen zu gehen, Furcht allein zu sein, besonders nachts	Ermutigen Sie die Kinder, es Eltern und Lehrer wissen zu lassen

ängstliches Anklammern (Klammern, Trennungsängste, Angst haben, wann die Eltern zurückkommen etc.)	Ununterbrochene Betreuung sichern (z.B. Versichern, dass das Kind von der Schule abgeholt wird, dass es immer weiß wo sich die Betreuer aufhalten)
regressives Verhalten (z.b. Daumenlutschen, Enuresis, regressive Sprache)	Zeitlich begrenzt akzeptieren – vier bis sechs Wochen, dann professionelle Hilfe aufsuchen.
Ängstlichkeit, die mit dem unvollständigen Verständnis des Todes zusammenhängt. Fantasien, dass der Tote zurückkommt, z.B. ein Geiselnehmer	Erklärungen geben über die physische Realität des Todes

Tabelle 1: Hilfe für Kinder von 2-6 Jahren[7]

2.6.3 Kinder von 6 bis 11 Jahren

Manche Schulkinder wollen permanent über das Ereignis sprechen und fragen ununterbrochen nach einzelnen Details, andere sprechen kaum darüber. Das Kind kann Probleme in der Schule entwickeln, weil es sich schwer konzentrieren kann. Das Kind spricht nicht mit Gleichaltrigen darüber und wird sich oft schämen, seine Gefühle zu zeigen. Außerdem kann es aggressiv oder mit Rückzug reagieren.

Susanne (7 Jahre), wird nach der Schule von ihrem Vater entführt, derauf Grund von Gewalttätigkeit Besuchsverbot hat. Als sie sich weigert mit ihm mit zu gehen, zwingt er sie in sein Auto zu steigen. Die Entführung wird

---

[7] Die in den Tabellen beschriebenen Richtlinien für die psychische erste Hilfe stammen aus folgender Quelle: Pynoos, R.S, Nader, K. (1988). Psychological First Aid and

von ihrer gleichaltrigen Freundin Christina beobachtet. Christina ist es nicht möglich einzugreifen. Der Vater bringt das Mädchen zur Großmutter und suizidiert sich wenige Zeit später, indem er sich erschießt.
Susanne erzählt uns die Geschichte sehr aufgeweckt. Sie ist entrüstet darüber, dass ihr Vater so etwas tun kann und will ihm in einem Brief mitteilen, dass er ihr unheimlich Angst gemacht hat und dass man so etwas nicht tue. Obwohl sie weiß, dass ihr Vater gestorben ist und nicht mehr wiederkommen wird, traut sie sich nicht mehr alleine in die Schule. Christina traut sich ebenfalls nicht mehr alleine zur Schule, schläft schlecht, ist sehr zurückgezogen und macht sich große Sorgen um ihre Eltern. Um nicht über das Geschehene nach zu denken, versucht Christina sich durch Malen und Spielen abzulenken. Über das Ereignis spricht sie nicht.[8]

- ➢ Bereiten Sie die Eltern auf mögliche Verhaltensweisen des Kindes vor und normalisieren Sie diese.
- ➢ Sprechen Sie mit dem Kind über das Ereignis.
- ➢ Lassen Sie das Kind das Ereignis zeichnen, auch den Wiederaufbau und die Rettungsmaßnahmen.
- ➢ Helfen Sie dem Kind, die Erinnerung zu verarbeiten, indem sie mit ihm auch die Rettungsaktionen, das Verbinden der Wunden, den Wiederaufbau der Häuser etc. nachspielen.
- ➢ Sagen Sie dem Kind, dass seine Reaktionen normal sind.
- ➢ Geben Sie Sicherheit.

Treatment Approach to Children Exposed to Community Violence: Research Implications, *Journal of Traumatic Stress*, Vol.1 (4), p.445-473.

[8] Fallbeispiel Nr. 8, entnommen aus den Einsatzprotokollen des SvE-KIT-Team Innsbruck-Stadt

➤ Beantworten Sie die Fragen des Kindes ehrlich.
➤ Geben Sie dem Kind die Möglichkeit sich auszudrücken.
➤ Lassen Sie das Kind spielen.
➤ Erklären Sie dem Kind was passiert ist.

Symptome	Psychologische Erste Hilfe
Sorge um die eigenen Handlungen während des Ereignisses, Verantwortlichkeit und Schuldgefühle	Helfen Sie dem Kind, seine konkreten Vorstellungen über das Ereignis auszudrücken.
spezifische Ängste, ausgelöst durch Reminder oder Alleinsein	Helfen Sie dem Kind, Reminder zu identifizieren und zu artikulieren, ebenso wie die Ängste selbst. Ermutigen Sie es, diese Ängste nicht zu verallgemeinern.
Wiedererzählen und Nachspielen des Ereignisses, kognitive Desorganisation und obsessives detailliertes Nacherzählen	Erlauben Sie den Kindern zu sprechen und sich auszuagieren (nachspielen, nacherleben...). Verzerrungen benennen und Normalität der Gefühle und Reaktionsweisen betonen.
Furcht von den eigenen Gefühlen überwältigt zu werden (Weinen, zornig sein)	Ermutigen Sie den Ausdruck von Ärger, Furcht, Traurigkeit etc. in Ihrer unterstützenden Gegenwart, um das Überwältigtwerden zu verhüten.
Beeinträchtigte Konzentration und Lernstörungen	Ermutigen Sie das Kind, es Eltern und Lehrer wissen zu lassen, wenn Gedanken und Gefühle mit dem Lernen in Konflikt geraten.
Schlafstörungen (z.B. Schlechte Träume, Furcht allein zu schlafen)	Unterstützen Sie das Sprechen über Träume, geben Sie Information darüber, warum böse Träume kommen.
Sorge um ihre eigene Sicherheit und die von anderen z.B. von Geschwistern	Helfen Sie dem Kind, diese Sorgen mit jemandem zu teilen, geben Sie Sicherheit mit realistischen Informationen.

verändertes und inkonsistentes Verhalten (z.B. normalerweise aggressives oder rücksichtsloses Verhalten, Gehemmtheiten)	Helfen Sie dem Kind mit der eigenen Impulskontrolle klarzukommen (z.B. durch Anerkennung: „ es muss schlimm sein, wenn man sich so wütend fühlt").
Somatische Beschwerden	Helfen Sie dem Kind die somatischen Reaktionen zu identifizieren, die sie während des Ereignisses verspürt haben.
genaues Beobachten der Reaktionen und des Erholungsprozesses der bedeutsamen Anderen, zögern diese mit den eigenen Ängstlichkeiten zu stören	Bieten Sie an, sich mit den Kindern und den Angehörigen zusammenzusetzen, um den Kindern zu helfen, diese wissen zu lassen wie sie sich fühlen.
Sorge um andere Opfer und ihre Familien	Ermutigen Sie konstruktive Tätigkeiten zugunsten der Verletzten oder Toten.
verstörtsein, gestörtwerden oder Angst haben vor den Gefühlen des Verlusts und der Trauer, Furcht vor Geistern	Helfen Sie dem Kind positive Erinnerungen an die Verstorbenen wiederzugewinnen, beim Durcharbeiten der intrusiven Bilder (z.B. im Spiel oder beim Zeichnen die Wunden der Verstorbenen behandeln, verbinden, heilen).

Tabelle 2: Hilfe für Kinder von 6-11Jahren

2.6.4 Jugendliche von 11 bis 12 Jahren

Die Reaktionen von Jugendlichen sind oft eine Mischung aus erwachsenen und kindlichen Reaktionen. Besonders kritisch ist das erhöhte Risikoverhalten, das Jugendliche nach einem Notfall an den Tag legen können. Bereiten Sie die Eltern darauf vor, dass ihr Kind evt. schwieriger zu handhaben sein wird, dass es sich evtl. zurückziehen und Schwierigkeiten haben wird, sich auszudrücken. Hier ist besonders liebevolle und sensible Unterstützung notwendig.

➢ Normalisieren Sie die Reaktionen des Jugendlichen.
➢ Ermutigen Sie das Sprechen über das Ereignis.

Symptome	Psychologische Erste Hilfe
Gefühl des Losgelöstseins von anderen, Scham, Schuldgefühle (ähnlich dem erwachsenen Reaktionsmuster)	Ermutigen Sie die Diskussion über das Ereignis, besonders auch das Sprechen über die Gefühle und die realistischen Erwartungen darüber, was getan hätte werden können und was nicht.
Selbstbewusstheit über ihre Ängste, ihre Verwundbarkeit und andere emotionalen Reaktionen, Furcht als abnormal abgestempelt zu werden	Helfen Sie den Jugendlichen, den erwachsenen Charakter dieser Reaktionsweisen zu verstehen.
posttraumatisches Ausagieren: z.B. Drogenmissbrauch, Alkoholmissbrauch, delinquentes Verhalten	Helfen Sie den Jugendlichen das ausagierende Verhalten als einen Versuch zu verstehen, ihre emotionalen Reaktionen zu dämpfen oder ihre Wut über das Ereignis zum Ausdruck zu bringen.
lebensbedrohliches Risikoverhalten	Benennen Sie den Impuls zu riskantem

	Verhalten im Anschluss an ein traumatisches Ereignis, verbinden Sie es mit der Herausforderung zur Impulskontrolle im Zusammenhang mit Gewalterfahrung.
abrupte Wechsel in zwischenmenschlichen Beziehungen	Diskutieren Sie die zu erwartenden Spannungen mit Freunden und Familienangehörigen.
Wünsche und Pläne Rache zu nehmen	Bringen Sie den Jugendlichen dazu über seine aktuellen Rachepläne zu sprechen, benennen Sie die realistischen Folgen dieser Handlungsweisen, ermutigen Sie realistische Alternativen, die das Gefühl der Hilflosigkeit vermindern können.
radikale Veränderungen in Lebenseinstellungen, welche die Identitätsbildung beeinträchtigen	Verbinden Sie Einstellungsänderungen mit dem Ereignis.
frühreifes Eintreten ins Erwachsensein (z.B. Schulabbruch, Heirat, Schwangerschaft etc.), aber auch Zögern, sich von zu Hause zu lösen	Ermutigen Sie die Jugendlichen Radikalentscheidungen auf Eis zu legen und sich Zeit zu lassen, die Reaktionen auf das Ereignis zu verarbeiten und zu trauern.

Tabelle 3: Hilfe für Jugendliche von 11 bis 12 Jahren

2.7 Besondere Charakteristika der posttraumatischen Belastungsstörung bei Kindern[9]

Die amerikanische Psychologin Terr war eine der ersten, die sich mit Reaktionen von Kindern nach traumatischen Ereignissen auseinandersetzte. Viele ihrer Erkenntnisse beruhen auf der Untersuchung einer Gruppe von

---

[9] zitiert nach Terr, 1985, in: Eth & Pynoos, 1985

25 Kindern zwischen 6 Monaten und 12 Jahren, die Opfer eines Kidnappings in Chowchilla (Kalifornien) wurden (Terr, 1979).

Missrepräsentationen:
Eine Gruppe von Kindern, die von drei Kidnappern entführt worden war, die alle drei im Zuge der Befreiung erschossen wurden, entwickelte im Nachhinein die Überzeugung es hätte einen vierten Kidnapper gegeben. Sie fürchteten sich nun alle davor, dass dieser wiederkommen würde, um sie zu entführen.

Vorzeichen lesen:
Im Nachhinein werden von Kindern, wie auch oft von Erwachsenen, Zeichen gesehen.
Herr L. verunglückt auf dem Weg nach Hause mit dem Auto tödlich und hinterlässt eine Ehefrau und die vier Kinder Angelika (5 Jahre), Dennis (11 Jahre), Mariella (3 Jahre) und Sonja (1 Jahr). Im Rahmen der KIT-Betreuung erzählt der Elfjährige davon, vor einigen Tagen einen Traum gehabt zu haben, indem der Vater tödlich verunglückte.[10]

Verlust der Gruppenzusammengehörigkeit:
Gruppen von Personen, die gemeinsam ein Trauma erlebt haben, meiden einander laut Terrs Erfahrung anschließend meistens. Das gilt auch für Kinder.

---

[10] Fallbeispiel Nr. 9, entnommen aus den Einsatzprotokollen des SvE-KIT-Team Innsbruck-Stadt

Geister:

Nach dem Tod einer nahen Bezugsperson berichten viele Menschen, sie würden den Verstorbenen „sehen" oder „fühlen". Auch Kinder erzählen oft von diesen Erlebnissen.

Winifred (4 Jahre): *„Meine Schwester lebt auf einem Kinderfriedhof und spielt jeden Tag mit anderen Kindern, die dort begraben sind. Sie kommt zu mir, wenn ich schlafe und auch, wenn ich die Augen offen habe. Sie will mit mir spielen. Ich fürchte mich, ich will nicht spielen."*

Duane (7 Jahre): *„Holly, meine verstorbene Schwester, spielt mir Streiche. Es sieht ihr ähnlich, dass sie es in Disneyland regnen lässt." (Terr, 1995, S. 60 ff.)*

Verlust des Zeitgefühls:

Während des traumatischen Ereignisses geht das Zeitgefühl, auf Grund der Stressreaktion verloren. Kinder wissen oft im Nachhinein nicht mehr, wie lange das Ereignis gedauert hat. Ebenso bringen sie die Abfolge des Geschehens durcheinander.

Der Wunsch die Zeit zurückzudrehen, ist ein weiteres häufiges Phänomen.

Eine Mutter, deren eine Tochter gestorben ist, sagt über ihre andere Tochter: *„Cindy weint oft und sagt sie möchte zurück nach Washington. Ich denke sie will die Zeit zurückdrehen."* Cindy erzählt: *„Ich wünschte ich könnte nach Washington zurückgehen, wenn wir zurückgegangen wären, wäre meine Schwester nicht krank geworden" (Terr, 1995, S. 62 ff.).*

Ein anderes Kind, das im Alter zwischen drei und 24 Monaten sexuell missbraucht worden ist, weiß auch mit vier Jahren noch nicht, was in der Zeit davor und was danach geschah. Er sagt: *„Ich war früher 17.*

Ich wurde dann wieder vier. Mein Herz hat einen Knall gemacht. Das ist alles was ich sagen kann" (Terr, 1995, S. 62 ff.).

Eingeschränkte Zukunftsperspektive:
Eine weitere typische Reaktion auf traumatische Ereignisse ist das Gefühl keine Zukunft zu haben.
So sagt ein fünfjähriges Mädchen: „Ich denke ich werde früher sterben als andere Menschen. Ich weiß nicht warum das so ist. Ich werde nie zur Armee gehen. Ich glaube ich werde Krankenschwester. Ich habe das Gefühl, dass die Zukunft gefährlich ist. Man könnte sterben. Du könntest getötet werden. Ich fühle dass böse Menschen mich verletzen. Ich könnte getötet werden. Wenn du tot bist, kommst du nicht mehr zurück. In der Armee haben sie Gewehre und schießen Leute tot" (Terr, 1995, S. 63).

Symbolisierung und Verdichtung:
Obwohl Träumen viele Elemente enthält, die nicht verarbeitet werden können, gibt es bestimmte Teile, die symbolisch verarbeitet werden. Bestimmte Elemente des Traumes können mit anderen Ereignissen vermischt werden. Die Art der entstehenden Symbolisierung korreliert mit der Vorgeschichte und dem Entwicklungsstand des Individuums. Ein Kind, das lange auf Grund von Sprachstörungen in Behandlung gewesen war, entwickelte während der Entführung die Angst, der Kidnapper könnte es einer „Gehirnwäsche" unterziehen (Terr, 1995).

Präverbale Erinnerungen:

Kleinere Kinder, die traumatisiert werden, noch ehe sie sprechen können, haben oft klare perzeptuelle Erinnerungen an das Trauma und können diese exakt nachspielen, ohne dass ihnen jedoch bewusst ist, was passiert ist.

Terr berichtet von folgenden typischen Merkmalen der posttraumatischen Reaktion bei Kindern (Terr, 1995, S. 53 ff.):

- Kinder haben **selten Amnesien** bezüglich des Traumas, sie verleugnen die externe Realität des Geschehens nicht.
- Noch nicht sprachfähige Kinder haben ebenfalls sehr starke **perzeptuelle Erinnerungen** an das Trauma, auch wenn sie nicht davon berichten können.
- Kinder erleben eher **keine plötzlichen visuellen Flashbacks** wie Erwachsene, können aber bewusst an das Trauma denken und dieses sich vorstellen.
- Sie **sprechen nicht gern** mit Gleichaltrigen über das Ereignis.
- **Sie spielen das Trauma aber nach.** Dies geschieht vor allem im Spiel mit anderen Kindern, die nicht bei dem Ereignis dabei waren.
- Kinder **benutzen mehr Ablenkungsstrategien** als Erwachsene.
- **Sie erleben den Verlust des Zeitgefühls intensiver** als diese.
- Kinder entwickeln öfter als Erwachsene die **Überzeugung einer eingeschränkten Zukunftsperspektive.**
- Kinder **agieren** ihre Emotionen nach einem Trauma mehr aus.
- Sie reagieren mit **Regression.**
- Sie zeigen **erhöhtes Zuwendungsbedürfnis** nach einem Trauma.

Die Besonderheiten des posttraumatischen Nachspielens:

Das posttraumatische Nachspielen unterscheidet sich in einigen Punkten vom normalen Kinderspiel. Während das normale Spiel dadurch gekennzeichnet ist, dass es dem Kind Spaß bereitet, dass Handlungsbögen zu Ende geführt werden und dass das Spiel unter der bewussten Kontrolle des Kindes zu sein scheint, fehlen den posttraumatischen Nachspielen diese Charakteristika.

Im Unterschied zum normalen Spiel scheint das Kind keine Erleichterung daraus zu ziehen, es scheint ihm **keinen Spaß** zu machen. Das traumatische Spiel **„bricht" oft unvermittelt in das normale Spiel ein** und findet zu **keinem Ende.** Handlungsbögen werden nicht zu Ende geführt.

Daher kann es dem Kind helfen, wenn mit ihm gemeinsam der Handlungsbogen zu Ende geführt wird, also man auch Rettungsmaßnahmen (z.B. Verbinden der Wunden etc.) nachspielt.

3 Besonders traumatische Situationen (singuläre Traumata) [11]

3.1 Kinder, die Zeugen von Gewalttaten werden: Mord, Vergewaltigung, Selbstmord

Pynoos und Eth (1985) untersuchten eine Gruppe von Kindern, die meist innerhalb ihrer Familien Zeugen schwerer Gewalttaten wurden. Diese Kinder weisen ein besonderes Risiko für Angststörungen, Depressionen und Verhaltensstörungen auf. Bedenkt man, dass die meisten schweren Gewalttaten innerhalb der Familie vorkommen, so ergibt sich daraus, dass Kinder relativ häufig Zeugen von Gewalttaten in der Familie werden. Das gilt sowohl für Mord an Elternteilen, als auch für Vergewaltigung, sowie suizidale Handlungen.

Die Autoren beschreiben folgende Methoden, die Kinder verwenden, um Angst und Hilflosigkeit in der traumatischen Situation zu reduzieren:

Verleugnung in der Fantasie:
Das Kind versucht die schmerzvolle Realität zu bewältigen, indem es sich einen anderen Ausgang dieser vorstellt.

Hemmung spontaner Gedanken:
Kinder versuchen Gedanken an das Ereignis durch Ablenkungen zu vermeiden.

---

[11] zitiert nach: Pynoos & Eth, in: Eth & Pynoos, 1985, S. 17-45

Nach dem Selbstmord seines älteren Bruders Martin zieht sich der achtjährige Manuel immer mehr zurück und will mit niemanden sprechen. Die jüngere Schwester schaut ständig fern. Auch beim Eintreffen des KIT Teams schaltet sie sofort das TV-Gerät an und sitzt starr davor.[12]

Fixierung im Trauma:
Kinder erzählen immer wieder Elemente des Traumas in meist unemotionaler Weise und versuchen so das Trauma über die Wiederholung tolerierbar zu machen.

Fantasien zukünftiger Bedrohung:
Das Kind vermeidet Aspekte des Traumas, indem es seine Ängste an andere zukünftige Ereignisse bindet. Andererseits zeigt die Angst vor der Zukunft und das Gefühl einer eingeschränkten Zukunft, wie sehr die Grundüberzeugungen des Kindes durch das Ereignis bedroht sind.

Innere Handlungspläne:
Fantasien über andere Handlungsverläufe, wie zum Beispiel das Eingreifen eines Dritten (z.B. Superman) oder des Kindes selbst. Das Kind kann sich als eine Folge davon z.B. mit Einsatzkräften identifizieren und daraus spezifische Berufswünsche entwickeln.

---

[12] Fallbeispiel Nr. 10, entnommen aus den Einsatzprotokollen des SvE-KIT-Team Innsbruck-Stadt

Rachefantasien:

Besonders nach Gewalttraumatas erleben Opfer Rachewünsche. Wichtig ist es, für diese sichere Ausdrucksformen zu finden.

Risikoverhalten:

Wenn das Kind zu sehr mit der potentiellen Bedrohung für die Eltern beschäftigt ist, kann es sein, dass es die eigene Bedrohung danach leugnet (auch in dem Wunsch selbst eingegriffen zu haben). Das kann dazu führen, dass das Kind auch in Zukunft eigene Lebensbedrohung nicht adäquat wahrnimmt. Kinder können nach einem derartig traumatischen Ereignis die Gefahr immer wieder aufsuchen, um sich dadurch zu bestätigen, dass die Gefahr tolerierbar ist und es daraus ohne Schaden hervorgeht. So können sie sich selbst beweisen, dass der Schock tolerierbar ist.

3.1.1 Mord an einem Elternteil

Pynoos und Eth berichten von einer Studie, in der sie Interviews mit 50 Kindern durchführten, die den Mord an einem Elternteil miterlebt haben (Pynoos & Eth, 1985). Die Kinder zeigten folgende Symptome:

Wiederkehrende Intrusionen ...

... über die zentrale gewalttätige Handlung, wenn physischer Schaden wie z.B. das Eindringen des Messers, das Geräusch des Gewehrs, der Geruch des Gewehrpulvers, der Blutspritzer auf dem T-Shirt des Kindes, der Schrei oder das Atmen des sterbenden Elternteils angerichtet wurde (ebenda, S. 28).

Zugleich **sind Kinder sich der eigenen körperlichen Reaktionen sehr bewusst**:

Ein Bub berichtet: *„Es war schrecklich, mein Herz hat wehgetan. Es hat so laut geschlagen" (Pynoos & Eth, S. 28).*

Besondere Details bekommen eine schmerzhafte Bedeutung:
So macht sich ein junges Mädchen beispielsweise darüber Gedanken, dass die Mutter eines ihrer Kleider getragen hat an dem Tag ihrer Ermordung (ebenda, S. 28).

Diese Intrusionen kommen wiederholt in den **Zeichnungen oder im Spiel** der Kinder immer wieder vor:
Ein vierjähriges Mädchen, deren Mutter erstochen worden war, malt sich immer wieder die Hände rot an und spielt ein Spiel, bei dem es so tut, als würde sie sich selbst mit einem Pinsel erstechen.

Ein siebenjähriges Mädchen, das gesehen hatte wie der Vater die Mutter strangulierte und dann ins Schlafzimmer trug, zwingt ihre Freunde das „Mama Spiel" zu spielen und kommentiert die Handlungen mit den Worten: „Du spielst tot und ich hebe dich auf" (ebenda, S. 29).

Häufig **versuchen** Kinder **die Realität zu ändern,** indem sie in ihrer Fantasie einen anderen Ausgang annimmt, während sie aber gleichzeitig eine genaue Schilderung des Ereignisses liefern können.

Ein Mädchen erzählt zum Beispiel davon wie ihr Vater erschossen wurde und malt gleichzeitig einen Clown, der im letzten Moment durch ein Netz gerettet wird, nachdem er vom Seil gefallen ist (ebenda, S. 29).

Der gute Ausgang des Geschehens wird dabei immer durch einen Dritten herbeigeführt und nicht durch das Opfer selbst, was mit der Zeugenrolle und der eigenen Fantasie korreliert.

Kinder erleben **Träume und Fantasien von Rache** als Mittel, die eigene Hilflosigkeit ins Gegenteil zu verkehren und fürchten sich davor.
Eine Elfjährige träumt davon, dass ihre ganze Familie aufgereiht dasteht und sie nacheinander auf den Mörder des Vaters schießen (ebenda, S. 29 ff.).

Die Autoren berichten, dass, wenn Kindern in der Therapie geholfen und erlaubt wird, ihre Rachefantasien zu erzählen oder zu zeichnen, dies meist als sehr erleichternd erlebt wird. Werden Fantasien nicht erlaubt, erzeugen diese Angst.
Eine Frau, deren Vater ermordet wurde als sie klein war, erzählt, sie habe immer Angst davor reich zu werden, weil sie dann jemanden anheuern könne, der den Mörder ihres Vaters umbringt (ebenda, S. 30).

Auch das elementare **Gefühl für Sicherheit geht Kindern verloren**. Viele sagen sie werden nie heiraten oder Kinder bekommen, weil ihnen etwas zustoßen könnte.

Ein Siebenjähriger, dessen Vater erstochen wurde, läuft Jahre danach noch mit einem Messer in der Tasche herum, weil er Angst hat, dass ein Fremder ihm was antun könnte (ebenda, S.30).

Besonders dramatisch für Kinder ist es, **wenn der Mörder des Elternteils der andere Elternteil** ist, sodass das Kind zugleich beide Eltern verliert. Die Beziehung zum verbleibenden Elternteil wird oft zusätzlich dadurch erschwert, dass Kinder bei Verwandten des verstorbenen Elternteils untergebracht werden, die nicht über den Täter sprechen wollen.
Aber auch wenn der verbleibende Elternteil in den Mord nicht involviert ist, kann er oft auf Grund der eigenen Traumareaktion für das Kind emotional unerreichbar sein, was dessen Bewältigungsversuche erschwert.

3.1.2 Vergewaltigung der Mutter

Eine Gruppe von 60 Kindern, die die Vergewaltigung ihrer Mutter miterlebt hatten, wurde ebenfalls von Pynoos und Eth (1985) interviewt. Auch hier stehen Intrusionen im Zentrum der Reaktion.
Ein Mädchen beschreibt: „Ich sehe immer wieder vor mir, wie er im Gang über sie herfällt" (Pynoos & Eth, 1985, S. 32).

Die Zeugenrolle wird von Kindern als besonders extrem belastend erlebt. Furcht um die eigene Sicherheit ist daher eine gängige Folge.
Das *Mädchen erzählt weiter: „Wenn ich wenigstens nicht im Haus gewesen wäre, wenn ich bei meiner Freundin gewesen wäre, würde ich mich zwar auch fürchten, aber es wäre längst nicht so fürchterlich"(Pynoos &*

Eth, 1985, S. 32). Sie kann in der Nacht nicht schlafen, weil sie Angst hat jemand würde wieder ins Haus einbrechen.

Ein anderes Kind bleibt jede Nacht bis kurz nach dem Zeitpunkt auf, zu dem der Einbruch passierte und kann erst danach einschlafen.

Wieder ein anderes Kind möchte, dass die Familie wieder in ihr altes Haus zurückzieht, weil ein Polizist dort in der Nähe wohnt.

Kinderzeugen tendieren dazu, die sexuellen Aspekte der Vergewaltigung, sofort auszublenden. Sie sprechen ständig über ihre Angst und über die beobachtete Gewalt. Die sexuelle Komponente äußert sich vorrangig im traumatischen Spiel. Auch Erwachsene tendieren dazu die sexuelle Komponente der Gewalttat auszublenden und zu tabuisieren.

Das Geschlecht des Kindes spielt eine große Rolle bei der Art der Verarbeitung des Ereignisses. Während Mädchen eher dazu neigen, sich mit der Mutter zu identifizieren, kann es bei Jungen vorkommen, dass sie sich in der Rolle des Täters sehen, was besonders erschreckend und schuldgefühlauslösend ist.

Unabhängig vom Geschlecht fühlen sich Kinder besonders schuldig und wütend, weil sie nichts getan haben, um der Mutter zu helfen. Verschlimmert wird dies, wenn die Täter die Mutter gezwungen haben, indem sie ihr androhten ihrem Kind etwas anzutun. Auch die Mütter fühlen sich danach häufig schuldig, weil ihre Kinder Zeugen des Ereignisses geworden sind. Sie fühlen sich für die Traumatisierung des Kindes verantwortlich. Kinder haben oft Angst über ihre Gefühle zu sprechen, weil sie die Mutter nicht aufregen und verletzen wollen.

Solange Mütter Angst vor Männern zeigten, waren auch die Kinder ängstlicher.

In einem Fall wacht die Mutter immer wieder schreiend auf, wenn der Sohn in der Nacht zu ihr kommt, weil er nicht schlafen kann (ebenda, S. 34).

Auch die nach einer Vergewaltigung üblichen Partnerschaftsprobleme erschweren die Bewältigung für das Kind.

3.1.3 Selbstmord eines Elternteils

Der Suizid oder Suizidversuch eines Elternteils ist für ein Kind ein extrem desillusionierendes Erlebnis. 30 Kinder, die Zeugen des Selbstmordes oder -versuches ihres Vaters oder ihrer Mutter waren, wurden zu diesem befragt (Pynoos & Eth, 1985).

Die Kinder zeigten alle typischen posttraumatischen Reaktionen:
- Gefühlsausbrüche
- traumatisches Nachspielen
- Verleugnung in der Fantasie
- Intrusionen

Oft versuchen Eltern die suizidale Natur des Ereignisses zu leugnen, indem sie von einem Unfall sprechen, selbst wenn das Kind Zeuge des Geschehens war.
Die Kinder reagierten gleichzeitig mit Wut und Angst. Die Ehepartner waren besonders zornig darüber, dass der andere Elternteil das Kind dieser

Situation ausgesetzt hatte. Auch wenn das Ereignis als Unfall präsentiert wurde, wussten die Kinder exakt über die Eigenverantwortung des Suizidanten bescheid. Manche Kinder warfen dem Verstorbenen vor unvorsichtig gewesen zu sein. Alternativ beschuldigten sie sich selbst, den verbleibenden Elternteil oder Außenstehende für die suizidalen Handlungen verantwortlich zu sein.

Eine Mutter bittet ihren achtjährigen Sohn nach einem Streit mit dem Vater Rasierklingen kaufen zu gehen und verspricht ihm ein lustiges Spiel. Als er vom Geschäft zurückkommt schickt sie ihn noch einmal weg, Milch holen. Als er wiederkommt, hat sie sich die Pulsadern aufgeschnitten. Er sagt: „Am liebsten möchte ich meiner Mutter helfen, aber ich fühle mich wirklich verletzt seit ich herausgefunden habe wofür sie die Rasierklingen brauchte. Wie sie mich benutzt hat. Ich dachte, wir würden ein bisschen Spaß haben. Wir hatten schon lange keinen Spaß mehr gehabt"(Pynoos & Eth, 1985, S. 36 ff).

Kinder haben viele intrusive Bilder vom Geschehenen und sollten daher ihre Eltern nach dem Selbstmord, bzw. Selbstmordversuch malen.
Eine der gravierendsten Folgen der Zeugenschaft bei Suizid des Elternteils ist die unbewusste Nachahmung des elterlichen Verhaltens.
Der Vater eines Siebenjährigen hat eine Überdosis Tabletten genommen. Eine Woche danach fragt er seine Mutter was passieren würde, wenn er zehn, acht oder sechs Tabletten nehmen würde. Er fragte wie viel er brauchen würde, um sich umzubringen.
Auch in solchen Fällen stellen sich die Kinder oft die Intervention eines Dritten vor.

Ein Mädchen, deren Mutter eine Überdosis Tabletten genommen hat, fragt: *„Wenn ich die Tabletten in meinem Rucksack verstecke, glaubst du, dass sie sie finden wird?"*

Ein anderes Kind sagt, es könne nur Baseballspielen gehen, wenn seine Mutter in der ersten Reihe sitzt, damit er sie die ganze Zeit beobachten kann (ebenda, S. 38ff.).

Die meisten Kinder fühlen sich nach dem Selbstmord ihrer Bezugspersonen schuldig. Je weniger deutlich mit den Kindern darüber gesprochen wird, was und warum es passiert ist, desto mehr beschuldigen sich Kinder selbst.
Ein Mädchen, das ihre erhängte Mutter gefunden hat, beschuldigt sich noch nach Jahren sie umgebracht zu haben, weil sie das Seil durchgeschnitten hat.

Diese Kinder stellen zudem eine Risikogruppe für Depressionen und damit selbst eine Risikogruppe für Suizid dar.
Generell sind suizidale Handlungen extrem tabuisiert. Dadurch wird es Kindern erschwert über ihre Gefühle zu sprechen. Gerade aus der Angst heraus das Kind zu retraumatisieren wird mit ihnen oftmals nicht über das Ereignis gesprochen, was für das Kind Bewältigungsversuche hemmt und Schuldgefühle schließlich chronisch werden lässt.

4 Chronische Traumatisierung

Im Unterschied zur Traumatisierung durch ein singuläres Ereignis, führt chronische bzw. multiple Traumatisierung zu weit gravierenderen Folgen für die kindliche Entwicklung. Kriegstraumatisierungen oder Traumatisierungen durch Armut und sexuellen Missbrauch zählen zu dieser Art von Traumatisierung. Terr (1995) schlägt vor, zwischen Trauma Typ I und Trauma Typ II zu unterscheiden, wobei Typ I ein einmaliges überwältigendes Vorkommnis meint und Typ II sich längerfristig hinziehende traumatische Umstände.

4.1 Krieg[13]

Kriegstraumatisierungen sind meist wegen ihrer Chronizität und kumulativen Zusammensetzung aus einer Vielzahl von singulären traumatischen Ereignissen schwer zu erfassen. Früher glaubte man, posttraumatische Reaktionen von Kindern auf Krieg wären nicht sehr extrem und nur von kurzer Dauer. Anna Freud zum Beispiel interpretierte die Reaktionen von Kindern auf Krieg, als eine Reaktion auf die Abwesenheit eines Elternteils. Kinder, die Luftangriffe erlebten, schienen nicht besonders belastet zu sein. Wenn ein Elternteil eine psychiatrische Symptomatik entwickelte, bildete allerdings auch meistens das Kind eine ähnliche aus. Daher schloss man daraus, dass Kinder, wenn sie nicht selbst bei Angriffen verletzt wurden, die Gefahr an den Reaktionen der Eltern ablasen (Papanek, 1942, zi-

---

[13] zitiert nach: Arroyo & Eth, in: Eth & Pynoos, 1985

tiert nach Arroyo und Spencer, 1985). Die meisten dieser Kinder zeigten zwar die Symptome der akuten Belastungsstörung, diese verschwanden aber binnen eines Monats.

Heute weiß man, dass Krieg und Bürgerkrieg schwere psychische Störungen und Entwicklungsstörungen bei Kindern und Jugendlichen hervorrufen können. Je persönlicher die Verluste des Kindes sind, desto größer ist das Risiko einer späteren psychiatrischen Erkrankung.

Arroyo und Eth (1985) präsentieren eine Studie mit 30 Kindern aus Zentralamerika (28 aus El Salvador, 2 aus Nicaragua).

Die zentralen Symptome der Kinder waren:
- suizidales Verhalten
- multiple somatische Beschwerden
- schwere antisoziale Verhaltensweisen
- Schlafstörungen
- Trennungsangst
- Schulprobleme

Das Alter der an der Untersuchung beteiligten Kinder reichte vom Vorschul- bis ins Jugendalter.

Vorschulkinder:
zeigten die schwersten Symptome und die größte Schwierigkeit sich von den Belastungen zu erholen. Zu diesen zählten Regression, Trennungs- und Fremdenangst, Bettnässen, Irritierbarkeit und Verlust von Fähigkeiten.

Wegen des Rückzuges dieser Kinder, wurde die Problematik dieser Symptome verkannt.

Schulkinder (Latenzalter):
wiesen meist schulische Probleme und Verhaltensstörungen auf. Sie konnten sich nicht konzentrieren und waren entweder gehemmt oder aggressiv. Auch somatische Beschwerden waren häufig.

Jugendliche:
verhielten sich am auffälligsten, da sie zu ausagierendem Handeln neigten. Sie zeigten die größte Aggression, gerichtet an andere Jugendliche, Familienmitglieder und sich selbst, suizidale Handlungen und Drogenmissbrauch. Delinquenz, sowie frühe Schwangerschaften traten ebenfalls häufig auf.

Viele dieser Kinder hatten allerdings lange vor Kriegsbeginn schon zahlreiche traumatische Erlebnisse. Die meisten dieser Familien lebten schon vor Ausbruch in großer Armut. Viele der Kinder hatten auf der Straße gebettelt oder Geschwister waren gestorben, weil keine adäquate medizinische Behandlung verfügbar war. In El Salvador sterben ein Viertel aller Kinder vor dem fünften Lebensjahr. Viele wurden Zeugen von schwerer innerfamiliärer Gewalt. In zwei Familien hatte der Vater die Mutter misshandelt. Zwei Schwestern mit acht und zehn Jahren wurden wiederholt von ihrem Vater sexuell missbraucht. Ein Vater und ein Kind wurden bereits vor dem Krieg wegen Angststörungen behandelt.

Die Eltern der Hälfte der untersuchten Kinder, emigrierten zunächst ohne ihre Kinder nach Nordamerika. Die Kinder wurden bei Verwandten oder bei irgendwelchen Aufsichtspersonen gelassen.

Fallbeschreibungen (Arroyo & Eth, 1985, S. 109-112):

Fallbeispiel 11: *Esperanza (17 Jahre):*
Symptomatik: linksseitiger Kopfschmerz, begleitet von linksseitiger Sehstörung. Der Schmerz trat meist in Verbindung mit Wut auf, sie reagierte nicht auf Schmerzmittel und erholte sich immer wieder spontan. Esperanza wurde von ihrer Mutter und einem Stiefvater erzogen, der sich von der Mutter scheiden ließ als sie fünf war. Sie und ihr Bruder hatten oft nichts zu essen. Die Mutter war von Zeit zu Zeit vernachlässigend. Als sie sieben Jahre alt war, ließ ihre Mutter sie und ihre Schwester bei einer Tante zurück, sagte sie müsse einkaufen gehen und wanderte in die USA aus.
Mit 14 Jahren wurde Esperanza Mitglied einer regierungstreuen Organisation in der sie mit Gewehren umgehen lernte. Nach einem Jahr hörte sie dort auf und schloss sich einer Widerstandsbewegung an, der auch ihre Cousins angehörten. Zwei ihrer Cousins waren kurze Zeit später vermisst. Mit 15 Jahren war es eine ihrer Hauptaufgaben, Mütter vermisster Personen einmal wöchentlich ins Leichenschauhaus zur Identifizierung der meist verstümmelten Toten, zu begleiten. Als die Mutter von Esperanzas politischen Aktivitäten erfuhr, sandte sie nach ihr. Nach 14 Tagen in den USA kehrte Esperanza nach El Salvador zurück. Zwei Monate später wurde sie von der Militärpolizei verprügelt, weil sie gegen die Vernehmung ihres 18 jährigen Cousins protestiert

hatte. Sie wurde zwei Tage eingesperrt und vergewaltigt. Vor der Vergewaltigung hatte man sie bewusstlos geschlagen, so dass sie sich nicht an viel erinnern konnte. Sie floh mit ihrem Cousin nach Mexiko und bekam dort politisches Asyl. Sie wurde depressiv, unternahm einige Selbstmordversuche, entwickelte Kopfschmerzen und andere Anzeichen für PTSD.

Schließlich willigte Esperanza ein zu ihrer Mutter in die USA zu kommen, zu der sie ein sehr gespanntes Verhältnis hat. Sie bekam allerdings kein politisches Asyl in den USA und sollte die Staaten binnen drei Wochen verlassen. Sie blieb trotzdem und hatte große Angst deportiert und ausgeliefert zu werden. Sie ist immer noch depressiv, hat aber keinen Selbstmordversuch mehr unternommen. Die Albträume halten, wenn auch in kürzeren Abständen weiter an. Am häufigsten träumt sie davon von Soldaten geschlagen und mit Gürteln gefesselt zu werden. Ihr Cousin beschreibt zwei Anlässe zu denen sie in einem dissoziationsartigen, unansprechbaren Zustand war und zwei Minuten lang durchgeschrieen hat.

Fallbeispiel 12: *Pedro (fünf Jahre):*

Pedros Eltern emigrierten in die USA als der Junge zwei Jahre alt war. Er und seine zwei älteren Geschwister blieben bei ihrer Tante und ihrem Großvater, einem Militäroffizier.

Die Kinder wurden oft Zeugen von Bombardements in der Nähe, bei denen Gebäude in Flammen aufgingen. Sie versteckten sich bei diesen Anlässen unter dem Bett. Pedro weinte oft nach seiner Mutter. Manchmal fing er an unkontrolliert zu zittern, wenn die Bombenangriffe begannen. Ab und zu gab es Razzien in der Nachbarschaft und am darauf folgenden Tag lagen überall Leichen auf den Strassen. Der Anblick von Autos, in denen Militärs saßen, erzeugte immense Furcht bei Pedro. Endlich schickten die Eltern nach ihm und seinen Schwestern. Allerdings kamen die Kinder nicht sofort zu den Eltern, da eine Schmugglerin, die mit ihnen gereist war, angab, die Kinder wären ihre eigenen. Sie blieben drei Wochen in Phoenix, wohin sie die Einwanderungsbehörde gebracht hatte. Dort wurden sie, zusammen mit einer weiblichen Beamtin in einem Raum untergebracht, die nur minimal mit den Kindern interagierte. Sie durften nicht nach draußen. Jedes Kind bekam nur einmal am Tag zu essen; ein Sandwich und ein Glas Saft.

Pedros Eltern durften schließlich, nach drei Wochen, ihre Kinder identifizieren kommen. Nur der Vater kam, da die Eltern kein Geld für zwei Tickets hatten. Zur Enttäuschung des Vaters erkannte ihn nur die älteste Tochter (sieben Jahre). Er durfte die Kinder nicht mitnehmen. Die Kinder weinten nun häufiger und hatten kaum noch Hoffnung ihre Eltern je wieder zu sehen.

Zwei Wochen später wurden die Kinder nach Los Angeles gebracht, damit ihre Mutter sie identifizieren konnte. Die Kinder warteten hinter einer Glasscheibe. Als die Mutter kam brachen alle drei in Tränen aus und durften für einige Minuten zu ihr. Danach wurden sie wieder von der Mutter getrennt, solange diese die Einwanderungsdokumente ausfüllen musste. Die Familie lebt jetzt in einer ärmlichen Gegend. Die Mutter erzählt, dass Pedro Gewehrschüsse hört und er vor kurzem ein Gebäude in Flammen aufgehen sah. Nach all diesen Ereignissen hatte er schwere Panikattacken. Pedro ist sehr schreckhaft, wenn er Flugzeuge sieht oder hört. Er fürchtet sich vor Rauch und Feuer und bestimmten Autos, in denen er Soldaten vermutet. Er ist sehr leicht irri-

tierbar, weint oft und isst 24h lang nichts, nachdem er eine Panikattacke hatte. Wenn er sich Angst hat, wird er sehr blass und ruhiger als normal. Im Schlaf ist er unruhig und weint oft. Er kann seine Albträume nicht erzählen, zeigt große Trennungsangst und spricht kaum zu Fremden. Er spielt mit Spielzeugsoldaten ein Spiel, bei dem die Soldaten alle Guerillas umbringen - „weil sie böse gewesen sind".

Pedro weiß, dass er sich fürchtet und dass Soldaten und Guerillas sich gegenseitig umbringen, allerdings kennt er den Grund dafür nicht und er weiß außerdem, dass seine Eltern weit weg auf ihn gewartet haben.

Diskussion:

In beiden Fällen waren es konkrete Ereignisse, die die schlimmsten Symptome produzierten. Im ersten Fall war es das Geschlagenwerden und die Vergewaltigung, im zweiten die Bombardements.

Zusätzlich zu diesen Ereignissen hatten die Kinder in beiden Fällen eine ganze Reihe von traumatischen Geschehnissen erlebt.

Zu wenig zu essen und schlechte Unterkunft, sowie mangelnde medizinische Versorgung beeinträchtigen die Entwicklung dieser Kinder.

Das Handeln der Mütter, ihre Kinder zurückzulassen, ist kaum nachvollziehbar.

Die meisten Kinder erlebten konkrete Lebensbedrohung, wenn sie nicht weg sahen, irgendwelche Anzeichen für Emotionen zeigten oder die Leichen, die auf der Straße lagen, identifizierten.

Viele hatten große Schwierigkeiten über die Ereignisse die ihnen zugestoßen waren zu berichten. Sie litten unter wiederkehrenden Ängsten. Die Wahrnehmung der zeitlichen Reihenfolge der Ereignisse war häufig gestört. Auch ihre schulischen Leistungen waren sehr schlecht.

Die psychosoziale und moralische Entwicklung war bei einigen der Kinder gestört. Viele waren gezwungen im Haus zu bleiben, weil ihre Eltern Angst hatten, dass ihnen auf der Straße etwas zustoßen könnte. Die sozialen Aktivitäten waren sehr eingeschränkt, in die Schule zu gehen bedeutete Lebensgefahr und der Unterricht fand nur selten statt, daher ließen viele Eltern ihre Kinder nicht hingehen. Aus Angst zum Militärdienst gezwungen zu werden gingen vor allem Jugendliche nicht auf die Straße. Viele Kinder wurden dennoch als Soldaten rekrutiert, sie zeigten auch in den USA noch vermeidendes Verhalten.

Die Impulskontrolle der Kinder war vielfach gestört. Sie hatten erwachsene Vorbilder, die extreme Aggression zeigten. Besonders die männlichen Jugendlichen wiesen gehäuft antisoziales Verhalten auf. Nach ihrer Verhaftung in den USA äußerten die meisten männlichen Jugendlichen, dass das was sie getan hatten nichts sei im Vergleich zu dem, was Erwachsene in ihrem Heimatland tun.

Die Kinder wurden oft von ihren Eltern getrennt. Manchmal so lange, dass sie die Eltern nicht mehr erkannten. Manche Kinder verweigerten sogar die Rückkehr zu ihren Eltern.

Ein besonderes Problem stellen die Kindersoldaten dar. Sie verharren oft in einem Zustand des moralischen Nihilismus, erleben die erwachsene Welt als unmoralisch und schwanken zwischen Angst und Schuldgefühlen.

Auch die Immigration selbst ist für viele der Kinder ein traumatisches Ereignis. Vor allem für kleinere Kinder, die meistens zusammen mit Schmugglern reisten, ist die Angst groß nie zu den Eltern zu kommen. Oftmals sind die Eltern nicht in der Lage die Kinder finanziell mit dem Notwendigsten zu versorgen, weil sie so arm sind. Eine neue Sprache lernen, sich in die Familien einzufinden in denen es meistens auch noch neue, in den USA geborene Kinder gibt, in einer unsicheren Umgebung aufzuwachsen, all das erschwert die Bewältigung.

4.1.1 Kurzzeiteffekte chronischer und multipler Traumatisierung bei Kindern

Folgende Symptome werden als Kurzzeiteffekte chronischer Traumatisierung bei Kindern bezeichnet:

- Angst und Furcht, speziell Angst von Angehörigen getrennt zu werden
- Ruhelosigkeit
- Irritabilität
- abhängiges und forderndes Verhalten
- Konzentrationsschwierigkeiten
- Störung von Körperfunktionen

(Edwards, 1976; 8-12 jährige Kinder nach dem 2. Weltkrieg)

Simpson (1993) benennt altersabhängige Unterschiede in der Symptomatologie. Während für Vorschulkinder Regression typisch ist, werden bei Schuldkindern und Jugendlichen politische Identifizierung und andere abweichende Wege der Bewältigung bedeutsamer. Sind im Vorschulalter Jungen vulnerabler als Mädchen, kehrt sich das in der Adoleszenz um.
Lyons (1979) beschrieb bei irischen Kindern Trennungsangst, Depression, Irritabilität und Schlafstörungen.

In einer Langzeitstudie, die Kinder von ihrer Geburt an bis ins Erwachsenenalter beobachtete, zeigte sich, dass eines von zehn Kindern eine außerordentliche Kapazität entwickelte, mit extrem widrigen Umständen umzugehen. Diese Kinder waren sehr aufgeweckt, hatten außergewöhnliche soziale und kommunikative Fähigkeiten und waren vollkommen überzeugt davon, ihr eigenes Leben kontrollieren zu können (Krystal, 1968).

Das Gegenstück zu dieser Sicherheit über persönliche Kontrolle ist das von Seligman (1975) beschriebene Phänomen der "erlernten Hilflosigkeit".

Neben der eigenen Einstellung gibt es noch andere Vulnerabilitätsfaktoren. Wenn das Kind kognitive oder emotionale Probleme hat oder es sich nicht völlig von einem früheren Trauma erholen konnte, werden diese Faktoren, seine Fähigkeit, weitere Traumata zu bewältigen, schwächen.

Furman (1974) bezeichnete folgende Elemente als wesentlich für die Fähigkeit des Kindes, ein Trauma zu bewältigen:

- Reife
- kognitiver Entwicklungsstand
- frühere Verlusterfahrungen
- Unterstützung durch Bezugspersonen

4.1.2 Langzeiteffekte chronischer Traumatisierung bei Kindern

Noch gravierender als die beschriebenen Kurzzeiteffekte chronischer Traumatisierung, sind Langzeiteffekte. Macksoud (1993) propagierte folgende Langzeiteffekte:

- Störungen der Moralentwicklung (Identifikation mit dem Aggressor; gestörte Wahrnehmung von Richtig und Falsch)
- überlebenden Identität (Identifizierung mit Helfern; Wunsch Arzt, Polizist, Guerillakämpfer zu werden)
- Kindersoldaten (besonders, wenn diese früh rekrutiert werden und brutale Handlungen ausführen müssen, kommt es zu schweren antisozialen und aggressiven Verhaltensauffälligkeiten)
- Vertrauensmangel und Gefühle der Verwundbarkeit (konstante Unvorhersehbarkeit der Situationen und Mangel an verlässlichen Bezugspersonen)
- Pessimismus bezüglich der Zukunft (konstantes Gefühl der Unsicherheit und die "Normalität" der Gewalt erzeugen bei den Kindern Unsicherheit über die Zukunft)
- Schulprobleme und Verhaltensstörungen (die Kinder können in der Schule durch Konzentrationsproblemen und abweichendem Verhalten auffällig werden)

Andere Autoren nennen folgende Symptome:

- gesteigerte Furchtsamkeit (generalisiert oder spezifisch) ausgelöst durch *Reminder* (z.B. Gibson 1987, Lacey 1972)
- erhöhtes Zuwendungsbedürfnis und Anhänglichkeit (Simpson ,1993)
- Zerstörung von Bindung und gestörte innere Arbeitsmodelle führen zu labilem sozialem Netzwerk (Horowitz 1986). Herman (1995) beschreibt die Beziehungen chronisch traumatisierter Personen als charakterisiert durch ein Oszillieren zwischen intensiver Bindung und ängstlichem Rückzug
- Viele Autoren betonen, dass solche Kinder ein permanentes Gefühl der Hilflosigkeit und Verwundbarkeit entwickeln, ihre Eltern als unfähig erleben sie zu beschützen und Gewalt und Zerstörung als etwas Unvermeidbares begreifen (z.B.: Simpson, 1993; Abu Nasr, Vriesendorp, Lorfing and Kalifeh, 1981; Fields, 1973, 1976)

Zusammengefasst lassen sich folgende Problembereiche feststellen:

- Tendenz zu weiterer Viktimisierung
- Mangel an Vertrauen in andere Personen
- Verlängertes präkonventionelles moralisches Urteil (Orientierung an Strafe und Gehorsam bzw. Eigeninteresse)
- Gestörte Ich-Entwicklung (egozentrisch, narzisstisch)
- Neigung zu aggressivem Verhalten

Dadurch wird der Umgang mit diesen Kindern für die Bezugspersonen besonders erschwert. Auch die Studie von Juen (1999), die an Kindern in einem SOS Kinderdorf in Nicaragua durchgeführt wurde, bestätigt diese Tatsache.

5 Kennzeichen sexuellen Missbrauchs bei Kindern und Jugendlichen

Neben Vernachlässigung oder Gewaltdelikten gegenüber Kindern werden ca. 30% der Frauen und 10% der Männer vor dem 18. Lebensjahr sexuell missbraucht. Fischer und Riedesser (1999) definieren Missbrauch im Allgemeinen als „Verhaltensweisen der Bindungsfiguren (...), die nicht in erster Linie auf Entwicklungsbedürfnisse der Kinder abgestimmt sind, sondern primär der Bedürfnisbefriedigung der Erwachsenen dienen" (Fischer und Riedesser, 1999, S. 282).

Von sexuellem Missbrauch von Kindern spricht man dann, wenn es dem Kind auf Grund seiner emotionalen und intellektuellen Entwicklung noch nicht möglich ist, sexuelle Handlungen und deren Tragweite zu verstehen, diesen zuzustimmen oder diese zu verweigern. Sexueller Missbrauch umfasst folglich nicht nur körperliche Übergriffe wie das Anfassen oder Anfassen lassen der Geschlechtsteile und der Zwang zu sexuellen Handlungen, sondern schließt neben diesen Komponenten auch verbale Entgleisungen, Exhibitionismus oder das Zeigen von pornographischem Material mit ein.

Sexueller Missbrauch stellt aus mehreren Gründen einen Sonderfall chronischer Traumatisierung dar. Zum einen handelt es sich dabei häufig um eine Form von Gewalt, die von nahen Familienangehörigen begangen wird, was den Aufbau von Grundvertrauen beim Kind, sowie dessen Bindungsverhalten nachhaltig stört. Fischer und Riedesser (1999) beschreiben diese Art der Beziehung als eine paradoxe Situation, bei der das Kind bei derjenigen Person Schutz und Hilfe suchen muss, die es zugleich bedroht. Zum anderen wird das missbrauchte Kind vom Täter meist zum Schweigen gezwungen. Findet der Missbrauch im Geheimen statt, erschwert dies die Anerkennung des Traumas und somit dessen Bearbeitung. Viele Kinder und Jugendliche haben folglich oft einen jahrelangen Leidensweg hinter sich, bis sie endlich jemanden finden, dem sie vertrauen können bzw. der ihnen glaubt. Die Frage der Glaubwürdigkeit der Aussagen der Kinder spielt besonders dann eine Rolle, wenn es zu einer strafrechtlichen Verfolgung des Täters kommt.

Sexueller Missbrauch ist Missbrauch auf mehreren Ebenen. Fischer und Riedesser (1999, S. 264) beschreiben die folgenden Charakteristika:
1. Missbrauch der Zärtlichkeitsbedürfnisse des Kindes
2. Missbrauch der Wünsche des Kindes nach einer dyadischen Beziehung
3. Missbrauch der Bereitschaft des Kindes zu ödipalen Phantasien (erregende Zweierbeziehung unter Ausschluss eines Dritten)
4. Missbrauch der Bereitschaft des Kindes zum Gehorsam
5. Missbrauch der Bereitschaft des Kindes zum Glauben an die Aussage der Eltern und der Unfähigkeit des Kindes, eine liebevolle zärtliche Annäherung von einer sexuellen Ausbeutung zu unterscheiden
6. Missbrauch der Angst des Kindes vor der Zerstörung der Familie (Schweigegebot)

Auch heute noch wird die Thematik des sexuellen Missbrauchs weitestgehend tabuisiert, allerdings zeigen häufige öffentliche Diskussionen dessen

Brisanz. Epidemiologisch gesichert scheint, dass das oft angenommene Täterprofil des älteren Mannes mit wenig Selbstvertrauen ein Ammenmärchen ist. Aus retrospektiven Studien, durchgeführt in den USA und westlichen Industrieländern, geht hervor, dass beispielsweise 10% aller Übergriffe von Frauen durchgeführt werden. Allerdings zählen Männer immer noch zu der Haupttätergruppe. In nur ca. 4% der Fälle liegt innerfamiliärer Inzest vor. Ellinger und Schötensach (1991) zu Folge werden zu 30% - 40% Kinder von Gleichaltrigen oder Jugendlichen sexuell missbraucht. Generell werden Jungen eher außerfamiliär missbraucht als Mädchen. Fischer und Riedesser (1999, S. 265 ff.) charakterisieren die traumatische Sexualisierung wie folgt:

Das Kind wird belohnt für unangemessenes sexuelles Verhalten. Daraus ergibt sich eine Überbetonung des sexuellen Bereichs. Der Täter beschimpft und erniedrigt sein Opfer unter Umständen. Er zwingt sein Opfer zur Geheimhaltung. Daraus resultierend entwickeln sich Schuld- und Schamgefühle. Das Vertrauen und die Abhängigkeit des Kindes werden ausgenutzt, was zu Depression und extremer Abhängigkeit in Beziehungen führen kann. Körpergrenzen werden gegen den Willen des Kindes überschritten. Dies erzeugt unter Umständen ein Gefühl hoher Verletzbarkeit der Körpergrenzen. Das Kind wird in eine Erwachsenenrolle gedrängt, woraus geringe Frustrationstoleranz, Distanzverlust bzw. extrem dominantes Verhalten in Beziehungen resultieren kann.

5.1 Zur Symptomatik von sexuell missbrauchten Kindern

Zahlreiche Untersuchungen haben sich mit der Frage, der für sexuellen Missbrauch spezifischen Symptome beschäftigt.

Allerdings lassen sich in der Literatur nur wenige konkrete Beschreibungen von emotionalen, verhaltensmäßigen und körperlichen Symptomen finden, die eindeutig auf sexuellen Missbrauch hinweisen könnten.

Als erster Indikator für Missbrauch gelten häufig Berichte von Eltern über signifikante und unerwartete Verhaltensänderungen ihrer Kinder. Dabei werden häufig Veränderungen in den Schlafgewohnheiten, verstärktes Sexualverhalten, körperliche Beschwerden und Veränderungen im Emotions- und Verhaltensbereich als mögliche Zeichen von sexueller Belästigung beschrieben (Brown & Finkelhor, 1986). Für eine genaue Feststellung der Wahrscheinlichkeit von sexuellem Missbrauch verwenden GutachterInnen meistens ein Interview mit den Erziehungsberechtigten, eine komplette körperliche Untersuchung, sowie Ergebnisse der Befragung des Kindes.

Eine Unterteilung der Symptome in folgende Bereiche erwies sich als sinnvoll:
- Schlafbereich
- emotionaler Bereich / Verhaltensbereich
- sozialer / schulischer Bereich
- sexueller Bereich
- somatische Beschwerden

Die konkretesten Hinweise ergeben sich im **körperlichen Bereich**. Folgende Symptome werden immer wieder genannt:
- Bettnässen
- Einnässen während des Tages
- wiederholte Verstopfung

- Verletzungen im Intimbereich
- vaginaler Ausfluss
- Blutungen im Vaginalbereich vor Einsetzen der ersten Periode
- häufige Kopfschmerzen
- häufige Magen- und Bauchschmerzen

Verhaltensauffälligkeiten bzw. emotionale Auffälligkeiten:
- plötzliche Veränderungen in diesem Bereich
- erhöhte Neigung zu Weinen
- Angst, alleine zu sein, bzw. alleine gelassen zu werden
- Angst, mit einer bestimmten Person alleine zu sein
- Angst vor Männern
- sich plötzlich zurückgezogen verhalten bzw. sich zurückziehen
- ungewöhnliche Befangenheit bezogen auf den eigenen Körper

Im sozialen bzw. schulischen Bereich finden sich folgende Symptome:
- Verschlechterung der schulischen Leistungen
- Konzentrationsschwierigkeiten
- Angst in Duschen und Badezimmern (Toiletten)
- „erwachsenes Verhalten" bzw. frühreifes Verhalten
- ungewöhnliche Widerstände sich für den Sportunterricht umzukleiden
- Verweigerung der Teilnahme an sportlichen oder anderen schulischen Aktivitäten
- plötzlich „Modellkind" werden (besonders brav, folgsam, hübsch, etc.)

Sexueller Bereich:
- ungewöhnlich umfangreiches Wissen über Sex bzw. sexuelle Aktivitäten, das dem Alter nicht entspricht
- außergewöhnliches Interesse oder Neugierde an Sexualität und Sexualorganen
- ungewöhnlich hohe (sexuelle) Aggressivität gegenüber Spielgefährten oder intime Bereiche von Spielpuppen
- höheres Masturbationsverhalten oder „An-sich-herumspielen", als dem Entwicklungsstand entsprechend
- verführerisches Verhalten gegenüber Klassenkameraden, Lehrern oder anderen Erwachsenen

Schlafbereich:
- Einschlafstörungen
- vermehrtes oder ungewöhnlich langes Schlafen
- Albträume

Browne und Finkelhor (1986) schließen nach Durchsicht der gängigen Literatur darauf, dass ein Großteil der Opfer bestimmte Ausgangssymptome durchleben, welche Angst, Furcht, Depression, Wut, Feindseligkeit, Aggression und unangemessene sexuelles Verhalten beinhalten. Des Weiteren konstatieren sie, dass alle gebräuchlichen Messinstrumente zur Bestimmung der Opfer von sexuellen Missbrauch eher schlecht geeignet sind, zwischen Missbrauchten und Nichtmissbrauchten zu unterscheiden, da die Validierung der Messinstrumente anhand von zwei Gruppen geschah, die nicht eindeutig voneinander abgrenzbar waren. So wurde beispielsweise nicht gewährleistet, dass ein Mitglied der Gruppe der Nicht-

Missbrauchten auch tatsächlich nicht missbraucht worden war und umgekehrt. Die Zugehörigkeit zu einer Gruppe hing lediglich davon ab, ob ein Verdacht auf sexuellen Missbrauch gegeben war oder nicht (De Francis, 1969).

Einige wenige Fragebögen versuchen sexuellen Missbrauch zu erfassen. Leider sind manche dieser Instrumente nicht validiert (Gardener, 1987) oder versuchen ausschließlich Veränderungen im Sexualverhalten zu erfassen (Friedrich et al., 1986). Lediglich die „Achenbach Child Behavior Checklist" ist umfangreicher validiert (Achenbach & Edelbrock, 1983). Sie beinhaltet jedoch nur wenige Items auf der Skala „sexuelle Probleme" (sechs bis sieben Fragen) und ist außerdem nur anwendbar für Mädchen im Alter zwischen vier und elf Jahren und für Jungen zwischen vier und fünf Jahren.

5.1.1 Die „Signs associated with sexual abuse scale" (Wells et al., 1995)

Am ergiebigsten scheint eine Studie von Robert D. Wells vom Valley Children's Hospital in Frenso, California. Ausgehend von den oben beschriebenen, seiner Ansicht nach jedoch mangelhaften Messinstrumenten zur Untersuchung von sexuellem Missbrauch von Kindern, konstruierten er und seine MitarbeiterInnen einen strukturierten Fragebogen (SASA, Signs Associated with Sexual Abuse), mit dem Eltern das Verhalten ihrer Kinder beschreiben sollen. Als Grundlage verwendeten sie Arbeiten von Canavan, 1981; Jones, 1982; Kempe, 1978; Pascoe & Duterte, 1981.

Als Untersuchungsstichprobe dienten drei Gruppen, die sich folgendermaßen zusammensetzten:

Die erste Gruppe (substantiated sexual abuse, SA) bestand aus n = 68 Mädchen vor der Pubertät, die sexuell missbraucht worden waren. Sie wurden rekrutiert aus regionalen Kliniken, die sich auf die Betreuung von Opfern sexuellen Missbrauchs spezialisiert hatten. Bei dieser Gruppe lag bereits ein Geständnis oder eine Verurteilung des Täters vor.

Die zweite Gruppe (alleged abuse, AA) bestand ebenfalls aus n = 68 Mädchen (alters- und schichtenmäßig ähnliche der ersten Gruppe), aus oben beschriebenen Kliniken. Der einzige Unterschied zur ersten Gruppe lag darin, dass noch kein Geständnis des Täters vorlag.

Die dritte Gruppe (Nonabused, NA) setzte sich aus n = 68 Mädchen zusammen, die definitiv nicht missbraucht worden sind.

Das Durchschnittsalter lag in allen drei Gruppen bei sieben Jahren (Range: zwei bis 11 Jahre, 5 Monate).

Eine speziell ausgebildete Krankenschwester führte das Interview mit den Eltern durch, während körperliche Parameter der Kinder in einem Nebenraum erhoben wurden. In diesem Interview wurden die Eltern gefragt, ob sie zu irgendeinem Zeitpunkt bestimmte spezifische Symptome an ihren Kindern feststellen konnten. Dabei wurde von Wells et al. (1995) das strukturierte Interview für Symptome in Verbindung mit sexuellem Missbrauch verwendet.

Dieses wird im Folgenden beschrieben:

Structured Interview for Symptoms Associated with Sexual Abuse (SASA)

Instructions: „Have you ever noticed any of the following symptoms in your children":

(Instruktionen: „Haben Sie je eines oder mehrere der folgenden Symptome bei Ihrem Kind bemerkt?")

1.	Frequent headaches	häufige Kopfschmerzen
2.	Frequent stomaches	häufige Magen-, Bauchschmerzen
3.	Sudden emotional/behavioral changes	plötzliche Veränderungen im emotionalen/Verhaltensbereich
4.	Crying easily	weint leicht
5.	Difficulty concentrating	Konzentrationsschwierigkeiten
6.	Difficulty getting to sleep	Einschlafprobleme
7.	Sleeping more than usual	schläft mehr als gewöhnlich
8.	Nightmares	Albträume
9.	Fear of being left alone	hat Angst, allein gelassen zu werden

10.	Fear of being left alone with anyone special	hat Angst, mit jemandem Bestimmten allein gelassen zu werden
11.	Fearful of males	Ist Männern gegenüber ängstlich
12.	Suddenly becoming the model child	wird plötzlich das „Modellkind", besonders brav, lieb, folgsam,...
13.	Acting overly mature or adult-like for age	verhält sich frühreif oder zu erwachsen für sein Alter
14.	Suddenly becoming withdrawn	zieht sich plötzlich zurück
15.	Unusually self-conscious about her body	ungewöhnliche Befangenheit bezüglich des eigenen Körpers
16.	Refusing to undress for physical education	weigert sich, sich für den Sport- bzw. Turnunterricht auszuziehen
17.	Farful of showers or restrooms	hat Angst vor Duschen oder Badezimmern
18.	Stopped participating in sports or other school activities	hört auf, an sportlichen oder anderen schulischen Aktivitäten teilzunehmen
19.	Change to poor school performance	lässt in schulischen Leistungen nach
20.	Knows more about sex and sexual activities than expected for age	weis mehr über Sex und sexuelle Aktivitäten als in diesem Alter zu erwarten ist
21.	Unusually interested or curious about sex matters or private parts	ungewöhnliches Interesse oder Neugier an sexuellen Angelegenheiten oder intimen Körperteilen

22.	Unusually aggressive toward playmate or toy's private parts	ungewöhnlich aggressiv gegenüber SpielkameradInnen oder intimen Körperteilen von Spielsachen
23.	Masturbates or plays with self more than you would expect to be normal	masturbiert oder spielt mehr an sich herum als normalerweise erwartet wird
24.	Seductive toward classmates, teachers or other adults	verhält sich verführerisch gegenüber KlassenkameradInnen, LehrerInnen oder anderen Erwachsenen
25.	Bedwetting at present time	Bettnässen
26.	Daytime wetting at present time	Einnässen während des Tages
27.	History of recurrent constipation	wiederholte Verstopfung
28.	Ever had injury to private parts	Verletzungen im Intimbereich
29.	History of unusual vaginal discharge	ungewöhnlicher vaginaler Ausfluss
30.	History of vaginal bleeding before starting periods	Blutungen im Vaginalbereich vor der ersten Periode

Tabelle 4: Structured Interview for Symptoms Associated with Sexual Abuse (SASA)

Gruppenunterschiede zwischen missbrauchten und nicht-missbrauchten Personen

Wells, Mc Cann et al. (1995) entdeckten zahlreiche Gruppenunterschiede (Tabelle 5). Dabei wurden jedoch zunächst Vermutlich-Missbrauchte und Nachgewiesen-Missbrauchte in einer Gruppe zusammengefasst und mit

Nicht-Missbrauchten verglichen. Diejenigen Symptome, bei denen signifikante Gruppenunterschiede gefunden wurden, sind **fettgedruckt**.

	Gruppe 1: Nicht-Missbraucht n = 68	Gruppe2: Vermutl.-Missbraucht n = 68	Gruppe3: Missbraucht n = 68	Chi^2 Gruppe1 vs. Gruppe 2+3
Schlafbereich				
Einschlafprobleme	**7%**	**33%**	**43%**	**p<.005**
Albträume	17%	30%	39%	
vermehrtes/längeres Schlafen	0%	8%	12%	
Verhaltensauffälligkeiten bzw. emotionale Auffälligkeiten				
plötzliche Veränderungen im emotionalen Bereich/Verhaltensbereich	**7%**	**50%**	**66%**	**P<.00001**
erhöhte Neigung zum Weinen	38%	51%	58%	
Angst, allein gelassen zu werden	28%	38%	56%	
Angst, mit einer bestimmten Person allein gelassen zu werden	**2%**	**26%**	**33%**	**p<.0005**
Angst vor Männern	**0%**	**19%**	**35%**	**p<.005**
Rückzug	**2%**	**19%**	**30%**	**p<.005**
Ungewöhnliche Befangenheit bezogen auf den eigenen Körper	**0%**	**18%**	**38%**	**p<.005**
Sozialer/Schulischer Bereich				

Wechsel in schulischen Leistungen	6%	34%	24%	p< .005
Konzentrationsschwierigkeiten	7%	33%	42%	p< .005
Angst in Duschen oder Badezimmern	4%	14%	7%	
Weigerung, sich für den Sportunterricht umzuziehen	0%	7%	5%	
Nichtmehrteilnehmen an sportlichen oder schulischen Aktivitäten	0%	7%	4%	
plötzlich ein „Modellkind" werden	0%	6%	11%	
erwachsenes/frühreifes Verhalten	0%	29%	35%	p< .001
Sexueller Bereich				
ungewöhnlich umfangreiches Wissen	0%	48%	34%	p< .00001
ungewöhnliches Interesse/Neugier	0%	33%	30%	p< .0005
ungewöhnlich sexuell aggressiv	0%	23%	13%	
vermehrtes Masturbieren	0%	23%	13%	
verführerisches Verhalten	0%	13%	4%	
Körperliche Hinweise				
Bettnässen	26%	26%	25%	
Einnässen während des Tages	11%	16%	22%	

häufige Kopfschmerzen	11%	26%	25%	
häufige Magenbeschwerden	13%	28%	35%	
Verstopfung	11%	14%	13%	
Verletzungen im Intimbereich	7%	16%	16%	
vaginales Bluten	2%	0%	7%	
vaginaler Ausfluss	2%	14%	14%	

Tabelle 5: Gruppenunterschiede

p< 0,005 signifikanter Unterschied ... Irrtumswahrscheinlichkeit: 0,5%
p< 0,001 signifikanter Unterschied ... Irrtumswahrscheinlichkeit: 0,1%
p< 0,0005 signifikanter Unterschied ... Irrtumswahrscheinlichkeit: 0,05%
p< 0,00001 signifikanter Unterschied ... Irrtumswahrscheinlichkeit: 0,001%

Um zwischen den beiden Gruppen Vermutlich-Missbrauchte und Nachweislich-Missbrauchte zu unterscheiden, wurden die Unterschiede zwischen diesen beiden Gruppen gesondert berechnet.

Die Gruppe der Kinder, mit einem bereits vom Täter abgelegten Geständnis unterschieden sich von der Gruppe, deren Mitglieder lediglich mutmaßlich missbraucht wurden, in folgenden Bereichen signifikant (Tab. 6).

Angst, allein gelassen zu werden	$Chi^2 = 3.78$	$p < .05$
Angst vor Männern	$Chi^2 = 3.86$	$p < .05$

Befangenheit bezogen auf den eigenen Körper	$Chi^2 = 4.28$	$p < .05$

Tabelle 6:   Hauptsymptome

Weitere signifikante Unterschiede konnten nicht beobachtet werden, jedoch tendierten Kinder der Missbrauchsgruppe häufiger zu Schlafproblemen und zeigte des Öfteren Veränderungen im Emotions- und Verhaltensbereich, als Mitglieder der andern beiden Stichproben.

Kinder aus vermutlich missbrauchten Gruppen hingegen wiesen größere Veränderungen in schulischen Bereichen und mehr Interesse an sexuellen Funktionen, als Kinder aus nicht-missbrauchten Gruppen auf.

Albträume, erhöhte Neigung zu Tränen und Angst davor, alleine gelassen zu werden, traten in allen drei Stichproben ungefähr gleich häufig auf. Dies gilt auch für Bettnässe, Kopf- und Magenschmerzen. Diese Symptome scheinen also als Hinweis auf sexuellen Missbrauch nicht sehr brauchbar zu sein.

Im Gegensatz dazu kann, bezogen auf „Angst vor einer bestimmten Person", „Befangenheit bezüglich des eigenen Körpers" und „generell Angst vor Männern" zwischen den Gruppen gut unterschieden werden.

Während es scheint, dass innengerichtete Verhaltensweisen, wie z.B. höhere Ängstlichkeit, häufiger in der Stichprobe der missbrauchten Kinder vorkommt, gibt es relativ wenig Items, die nach Außen gerichtete Verhaltensweisen, wie Aggressivität erfragen. Aus diesem Grund kann die Frage nach der Auftrittswahrscheinlichkeit von aggressiveren Verhaltensweisen bei sexuell missbrauchten Kindern nicht beantwortet werden.

Die Autoren weisen darauf hin, dass weitere Items in den Fragebogen aufgenommen werden sollten, die sich vermehrt auf diese äußerlichen Verhaltensaspekte konzentrieren. Dies wären beispielsweise Fragen nach zornigem Gemüt oder Temperament, Grausamkeit gegen Andere, Zerstörungswut gegenüber Eigentum oder ähnliches. Außerdem fehlen den Autoren Feldbeobachtungen.

5.1.2 Posttraumatische Belastungsstörung bei sexuell missbrauchten Personen

Im Weiteren gehen wir auf die **Posttraumatische Belastungsstörung (Posttraumatic Stress Disorder, PTSD)** ein. Diese Gruppe von Symptomen betrifft nicht alle, sondern nur etwa 50% der Missbrauchsopfer, sie wird jedoch der Vollständigkeit halber angeführt.
Eine Studie von David A. Wolfe, Louise Sas und Christine Wekerle (Wolfe et al. 1994) beschäftigt sich explizit mit ausgewählten Opfer- und Ereignischarakteristika, die in Verbindung mit der Entwicklung von Posttraumatischen Belastungsstörungen in Zusammenhang stehen. Anlass zur Studie waren zufällige Beobachtungen an Erwachsenen, die die Vermutung nahelegen, dass Schätzungen zufolge annähernd 28% der Frauen und 16% der Männer vor ihrem 16. Lebensjahr Opfer sexuellen Missbrauchs waren. Dabei nahmen sie die Definition von Finkelhor (1990) als Grundlage. Demnach gilt als sexueller Missbrauch jede vom Kind ungewollte sexuelle Handlung, von Streicheln bis zu Geschlechtsverkehr, durchgeführt von einer mehr als fünf Jahre älteren Person.
Viele dieser Opfer nehmen kurz- oder langfristig professionelle psychologische Hilfe in Anspruch.

Die beschriebenen Symptome sind je nach dem Zeitpunkt der Erhebung unterschiedlich.

In nachträglichen Untersuchungen zeigten sich bei einem relativ großen Teil der Opfer in der *ersten Zeit nach dem Bekannt werden* des Missbrauchs spezifische Bewältigungssymptome. Dazu gehören *Wut, Angst, Furcht, Depressionen, somatische Beschwerden oder unangemessenes Sexualverhalten* (Finkelhor, 1990; Gomez-Schwarz, Horowitz & Cardarelli, 1990; Hansen, 1990; Wolfe & Wolfe, 1988).

Doch auch *in den Monaten danach* konnten auffallende Verhaltensmuster beobachtet werden, die auf mangelhafte Anpassung/Entwicklung hinweisen, wie *Depressionen, selbstdestruktives Verhalten, Gefühle der Isolation und Stigmatisierung, mangelndes Selbstwertgefühl, Probleme, Beziehungen aufzubauen, Suchtverhalten und sexuelle Fehlanpassung* (Finkelhor, 1990; Gold, 1986; Harter, Alexander, & Neimeyer, 1988).

Obwohl in der Literatur zahlreiche unterschiedliche psychologische Effekte bei sexuell missbrauchten Kindern beschrieben werden, sind die Informationen über persönlichkeits- und situationsspezifische Faktoren, die diese Effekte beeinflussen, unvollständig. Studien mit sexuell missbrauchten Kindern endeten meist mit der Feststellung von unspezifischen Symptomen, die keine sicheren Rückschlüsse auf sexuellen Missbrauch zulassen (Berliner, 1991).

Eine Gruppe von WissenschaftlerInnen versuchte, das Konzept der Posttraumatischen Belastungsstörung (PTSD) in Verbindung mit erwachsenen oder kindlichen Opfern sexuellen Missbrauchs zu untersuchen.

Baum, O'Keefe und Davidson (1990) zeigen, wie *bestimmte, in Verbindung mit traumatischen Ereignissen stehende Stimuli (wie z. B. Gerüche, Orte, Personen) unangemessene oder atypische Reaktionen (z. B. gesteigerte Unruhe, sexualisiertes Verhalten) auslösen können*.

Burgess, Hartman, McCausland, and Powers (1984) interviewten *60 Kinder, die von Erwachsenen sexuell ausgebeutet worden waren (pornographisch oder als Prostituierte)* und stellten fest, dass 45 der 60 Kinder von *Intrusionen, Alpträumen und ungewollter gedanklicher Beschäftigung mit dem Missbrauch* berichteten. Des Weiteren beobachteten sie, dass ein großer Teil der Kinder physische Auffälligkeiten (wie Schlafprobleme, exzessives Weinen oder somatische Beschwerden) *sowie soziale Zurückgezogenheit und übertriebenes Misstrauen gegen andere* zeigten.

McLeer, Deblinger, Atkins, Foa und Ralphe (1988) berichten, dass 48,8% einer Stichprobe von 31 sexuell missbrauchten Kindern Symptome zeigten, die den Kriterien der PTSD entsprachen, obwohl sie in Standardtests unauffällige Werte erreichten. Wolfe, Gentile and Wolfe (1989) stellten in einer Untersuchung von 71 sexuell missbrauchten Kindern ebenfalls Symptome fest, die der PTSD-Symptomatik sehr ähnlich waren.

Ausgehend von den genannten Untersuchungen analysierten Wolfe, Sas und Wekerle (1994) den Zusammenhang zwischen sexuellem Missbrauch und PTSD genauer. Ziel der Studie war zunächst, in einer Gruppe von sexuell missbrauchten Kindern das Auftreten von PTSD-relevanten Symptomen zu untersuchen. Die Stichprobe bestand aus Kindern, die bei Gericht Zeugenaussagen zu tatsächlichem oder vermutetem Missbrauch ablegen sollten. Allerdings wurden die Kinder untersucht, bevor sie ihre Zeugenaussage machen mussten. Mit nicht näher beschriebenen Interviews und Fragebögen wurden die Symptome der Kinder nach Aufdeckung des Missbrauchs betrachtet und anschließend entsprechend dem Auftreten von Kriterien der PTSD von der Gruppe der Kinder ohne Symptomatik getrennt.

In einem zweiten Schritt interessierten sich die WissenschaftlerInnen für *situationale, demographische und persönliche Faktoren, die in der Lage sein könnten, das Auftreten von PTSD vorherzusagen. Ihre Hypothese war, dass die Art und Weise des Missbrauchs (Schwere, Dauer des Missbrauchs, Grad der Verwandtschaftsbeziehung zum Täter, Gebrauch von körperlicher Gewalt, etc.) Aufschluss über das Auftreten einer PTSD geben könnte.*

Außerdem galt ihr Interesse der *Bedeutung von Schuldgefühlen und Selbstvorwürfen.*

Die Stichprobe wurde rekrutiert aus TeilnehmerInnen eines *Kinder-Zeugen-Programms* (CWP - Child Witness Projekt; Sas, Austin, Wolfe, & Hurley, 1991), das dazu diente, die zusätzliche Belastung von sexuell missbrauchten Kindern durch die Vorbereitung auf Gerichtsaussagen, Verhöre und Ähnlichem zu reduzieren. Die Teilnahme an der Studie hing von folgenden Kriterien ab:

    a) Es musste eine polizeiliche Akte über den Verdacht auf sexuellen Missbrauch geben

    b) das Alter des Kindes war zwischen 6 und 16 Jahren

c) die Eltern oder Erziehungsberechtigten stimmten einer polizeilichen Überweisung des Kindes zum Zeugen-Programm zu

d) die Eltern oder Erziehungsberechtigten und das Kind (falls es älter als 12 Jahre war) stimmten der Teilnahme des Kindes an der vorliegenden Studie zu

Nach gründlichen Vorerhebungen unter den 221 TeilnehmerInnen des CWP (im Zeitraum zwischen 1. Jänner 1988 bis 1. Jänner 1990) erfüllten 147 die Kriterien der Vorstudie und 90 verblieben zur endgültigen Untersuchung.

Die Stichprobe von n=90 Kinder bestand aus 69 Mädchen und 21 Jungen; das Durchschnittsalter betrug 12,4 Jahre. Der Durchschnitts - IQ betrug 90,71 (SD = 15,18; Range 58 - 123).

Art des Missbrauchs:
52,2 % berichteten von sexuellen Berührungen (Berühren der Genitalien, Masturbation, etc.)
34,4 % gaben oralen, vaginalen oder analen Verkehr mit dem Täter an
10,0 % berichteten von versuchtem oder simuliertem Geschlechtsverkehr
3,3 % waren das Opfer von unzüchtigen Entblößungen (Exhibitionisten)

Häufigkeit und Dauer des sexuellen Missbrauchs:
44,7 % einmaliger Missbrauch
32,9 % 2 - 10-mal
7,1 % 10 - 20-mal

15,3 % öfter als 20-mal

Die Opfer von wiederholtem Missbrauch waren in etwa gleich verteilt (52,2 % weniger als ein Jahr lang und 47,8 % mehr als ein Jahr lang).

Für die statistische Auswertung wurde die Dauer des Missbrauchs in Monaten gemessen. Die Härte (der Schweregrad) des Missbrauchs wurde auf einer Rating-Skala von 1 (Opfer eines Exhibitionisten) bis 4 (vollzogener Geschlechtsverkehr) abgebildet. Gewaltanwendung wurde dichotom codiert und der Beziehungsgrad zum Täter auf einer 4-teiligen Skala abgebildet (1 = fremder Täter, 4 = Elternteil).

In den meisten Fällen war dem Kind der Täter bekannt. Größtenteils (54,4 %) waren es Nichtfamilienmitglieder wie Babysitter, Nachbarn, Lehrer o.ä.

25,6% wurden von ihrem Vater oder Stiefvater missbraucht, 11,1% von einem entfernteren Familienmitglied und 8,9% von Fremden.

Mehr als die Hälfte der Kinder (51,2%) berichteten von Gewaltanwendung oder Drohungen. Der andere Teil von Tricks, Spielen oder von unterschwelligem Ausspielen von Autorität, Bestechungen oder Überredung. Der große Anteil von Gewaltanwendung in dieser Gruppe könnte auf die Stichprobe zurückzuführen sein (Fall bereits vor Gericht, Zeugenschutzprogramm, ...).

Da es zum Zeitpunkt der Studie noch keine standardisierte Methode zur Erhebung von PTSD gab, konstruierten die Autoren eine Liste von PTSD - relevanten Fragen (ausgehend von der Definition des DSM-III-R).

Diese Fragen wurden an den Entwicklungsstand der Kinder angepasst und entsprechend formuliert (Tab. 7).

	Prozent der Stichprobe, die mit „manchmal" oder „häufig" antworteten
Kriterium A: Unerwünschte Erinnerungen	
Ich muss manchmal an das Geschehene denken, obwohl ich nicht will	75,6%
Ich habe Alpträume oder Träume über das Geschehen	57,8%
Kriterium B: Vermeidungsverhalten	
Ich versuche, nicht an das Geschehene zu denken	87,8%
Ich versuche, Dinge, die mich an das Erlebnis erinnern, zu vermeiden	92,2%
Dinge in meinem Leben werden sich verbessern	56,7%
(Elternbericht): Haben Sie Veränderungen an der Beteiligung ihres Kindes in Hobbies/Schule seit dem Missbrauch bemerkt	31,1%
(Eltern): Verbringt Ihr Kind weniger Zeit mit seinen Freunden, zieht es sich von der Familie zurück	66,7%
Kriterium C: Erhöhte Erregbarkeit	
Ich habe Probleme beim Einschlafen, weil mir die Ge-	57,8%

danken an das Erlebnis nicht aus dem Kopf gehen	
Ich vertraue Leuten nicht mehr so wie früher	73,3%
Manchmal möchte ich weinen/schreien, wenn ich an das Erlebte denke	70,0%

Tabelle 7: Checkliste

Von den 90 untersuchten Kindern erfüllten 48,9 % (N = 44) alle diagnostischen Kriterien der posttraumatischen Belastungsstörung nach DSM-III-R, 51,1% erfüllten zwar viele, jedoch nicht alle Kriterien.

In der folgenden Tabelle sind die beiden Gruppen, in Bezug auf verschiedene Variablen, einander gegenübergestellt.

Variable	PTSD Positiv N = 44	PTSD Negativ N = 46	χ^2	p
Geschlecht: männlich	6 (28,6%)	15 (71,4%)		
weiblich	38 (55,1%)	31 (44,9%)	4,53 *	p<0,05
Alter:				
<12 Jahre	9 (32,1%)	19 (67,9%)		
>= 12 Jahre	35 (56,5%)	27 (43,5%)	4,56 *	p<0,05

Dauer des Missbrauchs:				
einmalig	16 (40%)	24 (60%)		
weniger als ein Jahr	9 (37,5%)	15 (62,5%)		
mehr als ein Jahr	**16 (72,7%)**	**6 (27,3%)**	**7,47 ***	**p<0,05**
Häufigkeit des Missbrauchs:				
einmalig	15 (39,5%)	23 (60,5%)		
2 bis 10-malig	14 (50%)	14 (50%)		
häufiger als 10 Mal	12 (63,2%)	7 (36,8%)	2,90	
Beziehung zum Täter:				
Fremder oder Nichtverwandter	25 (43,9%)	32 (56,1%)		
entfernter Verwandter	6 (60%)	4 (40%)		
Vater/Stiefvater	13 (56,5%)	10 (43,5%)	1,61	
Art des Missbrauchs:				
sex. Berührung	20 (42,6%)	27 (57,4%)		
versuchter Verkehr	4 (44,4%)	5 (55,6%)		

vollzogener Verkehr	19 (61,3%)	12 (38/%)	2,72	
Art der Gefügigmachung				
Gebrauch von Gewalt	26 (59,1%)	18 (40,9%)		
nichtgewaltsames Überreden	16 (38,1%)	26 (61,9%)	3,79 *	p<0,05

Tabelle 8: Gruppen in Bezug auf verschiedene Variablen

Zusammenfassend lässt sich sagen, dass eher weibliche Opfer von sexuellem Missbrauch PTSD-Symptomatik zeigen als männliche. Dies gilt ebenso für das Alter - je älter das Kind zum Zeitpunkt des Missbrauchs ist, desto eher bildet es ein PTSD aus. Abhängig von der Dauer des Missbrauchs zeigen Kinder, die über einen längeren Zeitraum hinweg missbraucht wurden, eher PTSD-Symptome als Kinder, die einmalig missbraucht wurden.

In den Kategorien „Häufigkeit des Missbrauchs", „Beziehung des Kindes zum Täter" und „Art des Missbrauchs" lassen sich keine Unterschiede zwischen den Gruppen finden.

Lediglich im Bereich „Gewaltanwendung" zeigen sich Diskrepanzen zwischen den Teilstischproben. Kinder, die mit Gewalt zum Missbrauch gezwungen worden waren, weisen häufiger PTSD-relevante Symptome auf, als Kinder, die ohne Gewaltanwendung zum Missbrauch überredet werden konnten.

In einer ergänzenden Untersuchung, auf die an dieser Stelle nicht näher eingegangen werden soll, fanden die Autoren heraus, dass Kinder mit PTSD-Symptomatik häufiger von Schuldgefühlen und Scham berichteten.

5.2 Kinder als Augenzeugen vor Gericht

Mit sexuellem Missbrauch, sofern er zur Anzeige gelangt, sind bestimmte Probleme verbunden, die die Glaubwürdigkeit der Kinder und Jugendlichen vor Gericht betreffen. Wird den Opfern nicht geglaubt, bzw. werden sie schlecht auf die Situation im Gerichtssaal vorbereitet, kann daraus eine zusätzliche Traumatisierung resultieren, die die weitere Behandlung erheblich erschweren kann.

Ein Literaturüberblick zeigt: Jungen Kindern im Vorschulalter wird weniger geglaubt, als älteren.

Gerade Kinder dieser Altersgruppe werden jedoch tatsächlich mit hoher Wahrscheinlichkeit missbraucht.

Neuere Studien haben zwar mit dem Vorurteil aufgeräumt, kleinere Kinder wären in ihren Aussagen extrem beeinflussbar und nur von Fantasien geleitet, dennoch gibt es Unterschiede bezüglich der Beeinflussbarkeit, die wirklich unter anderem vom Alter abhängen.

In den meisten Staaten sind bei der Vernehmung der Opfer, die unter 10 Jahren sind, so genannte „beeinflussende" Fragen (leading questions) erlaubt. Also Fragen, die nicht offen gestellt sind, sondern bereits Informationen enthalten (California evidence code, Sec. 767 (b)).

Wenn man ein Kind beispielsweise, das unsicher oder ängstlich ist fragt, was passiert sei, antworte es mit hoher Wahrscheinlichkeit „Nichts!", auch wenn es sich sehr genau an Details erinnert. Daher sind Fragen wie z.B.:

„Hat dich Onkel Bill verletzt?" oder „ Hat dich jemand dort unten berührt?" erlaubt.

Darüber hinaus sind vielfach besondere Maßnahmen erlaubt, wie ein Sichtschutz, der verhindern soll, dass der Angeklagte vom Kind gesehen wird oder „Übersetzungen", in denen ein(e) Psychologe/in oder ein(e) TherapeutIn etc. beschreibt, was das Kind erzählt hat.

In vielen Ländern ist es außerdem üblich, dass Kinder, wenn sie im Zeugenstand befragt werden, nicht direkt im Gerichtsaal sitzen, sondern per TV dorthin direkt übertragen werden. Dies und das Beisein einer vertrauten Person schützt Kinder vor negativen Auswirkungen der Gerichtsverhandlung, sofern diese nicht zu Ungunsten des Kindes ausgeht und das Kind nicht mehrmals befragt werden muss.

Wenn das Kind direkt im Gerichtssaal befragt wird, erhöht die Anwesenheit des Beklagten und die weiterer Zuschauer die Belastung für das Kind. Es erscheint ängstlicher und weint vermehrt, was allerdings seitens der Zuhörer dessen Glaubwürdigkeit erhöht.

Zuhörer schätzen Kinder am Bildschirm als weniger glaubwürdig und intelligent ein, als Kinder, die direkt im Saal sitzen.

5.2.1 Die Beeinflussbarkeit von Erwachsenen

Stellt man Erwachsenen, nachdem man ihnen einen Film gezeigt hat, irreführende Fragen, die die Existenz von Objekten voraussetzen, die im Film nicht vorgekommen sind, so wird die Beeinflussbarkeit des menschlichen Gedächtnisses deutlich. Werden Personen beispielsweise danach gefragt, wie schnell der weiße Wagen war, als er am Holzschuppen vorbeifuhr, als er über das Land fuhr, so erinnern sich diese mit hoher Wahrscheinlichkeit, eine Holzschuppen gesehen zu haben, obwohl dieser im Film nicht vorkam (Loftus, 1979).

Eine Hypothese zur Erklärung dieses Phänomens ist, dass die Fragen Informationen enthalten, die in die Erinnerungen an das Ereignis integriert werden. Eine irreführende Information kann allerdings nicht nur zusätzliche Gegebenheiten hinzufügen, sondern sie kann die Erinnerung auch gänzlich verfälschen.

So wurde Personen ein Film gezeigt, in dem ein Auto am einem Vorrangschild anhielt, während ein anderes vorbei fuhr. Fragte man die Probanden anschließend: „Fuhr ein anderes Auto an dem roten Datsun vorbei, als dieser am Stopschild hielt?", so ließen sich 80% durch diese Fehlinformation manipulieren. Je mehr Zeit zwischen der gegebenen Information und der Erinnerungsprüfung verstrich, desto mehr Personen ließen sich beeinflussen. Das heißt, wenn Erinnerungen über die Zeit verblassen, werden sie noch anfälliger für die Manipulation durch neue Informationen.

Es scheint, dass Menschen dazu neigen neue Informationen in ihre Erinnerung einzubauen, die diese anreichert und auch in wesentlichen Punkten ändern kann (Christiaansen et al., 1983; Dodd & Bradshaw, 1980; Read & Bruce, 1984).

Darüber hinaus kann nachträgliche Information auch andere Elemente des erinnerten Ereignisses beeinflussen und wirkt nicht nur auf das Detail, das als Fehlinformation eingeführt wird. So wurde Probanden erzählt, dass der Mann, den sie im Film gesehen hatten ein Lastwagenfahrer gewesen sei, während andere Teilnehmer von einem Tänzer berichtet bekamen. Diejenigen, die ihn als Lastwagenfahrer erinnerten, erschien er dicker, als denjenigen, die ihn als Tänzer in Erinnerung hatten (Christiaansen et al. 1983).

Auch die Wortwahl der Frage manipuliert die Erinnerung. In einer Studie von Weinberg et al. (1983) wurden Personen Fragen gestellt wie: „Wie schnell waren die beiden Autos als sie in einander krachten?", bzw. „Wie schnell waren die beiden Autos, als sie zusammenstießen?". Im ersten Fall beschrieben die Probanden die Autos als viel schneller, als im zweiten.

Derartigen Beeinflussungen gegenüber, sind kleinere Kinder, auf Grund ihres geringeren Sprachverständnisses allerdings immun.

5.2.2 Beeinflussbarkeit von Kindern

Die meisten Arbeiten zur Glaubwürdigkeit von Kindern im Zeugenstand beschäftigen sich mit der Frage, ob Kinder beeinflussbarer sind als Erwachsene.
Lange Zeit hat man angenommen, dass Kinder sowohl manipulierbarer, als auch ungenauer in ihren Aussagen sind, als Erwachsene.
Mittlerweile werden diese Annahmen etwas differenzierter gesehen. Kinder sind zwar unterhalb einer bestimmten Altersgrenze, unter bestimmten Bedingungen, beeinflussbarer, allerdings gibt es zwischenzeitliche zahlreiche Studien, in denen Kinder sich als gleich oder sogar weniger manipulierbarer erwiesen haben wie/als erwachsene Versuchspersonen.

Eine Bedingung für die höhere Suggestibilität von Kindern könnte sein, dass sie weniger Lebenserfahrung als Erwachsene haben. Nichtexperten sind Experten gegenüber im Nachteil, wenn es um das Encodieren von

Merkmalen geht, da sie nicht genau wissen, welche Aspekte einer Situation im Gedächtnis behalten werden sollte und welche nebensächlich sind. Da Kinder auf den meisten Gebieten Nichtexperten sind, tendieren ihre Erinnerungen dazu, nicht so reichhaltig auszufallen, wie die Erwachsener. Je weniger reichhaltig die Erinnerung an ein Ereignis ist, desto beeinflussbarer ist man für Fehlinformationen.

Demnach könnten Kinder in der ersten Phase des Erinnerns, der Encodierung von Informationen, gegenüber Erwachsenen im Nachteil sein (Loftus, 1983).

Ein anderer Faktor, der zur erhöhten Beeinflussbarkeit von Kindern beitragen könnte, ist die Vergessenskurve. Da Kinder schneller vergessen als Erwachsene, sind sie unter Umständen eher auf neue Informationen angewiesen als diese. Eine potentielle Quelle für neue Informationen ist suggestives Fragen.

Allerdings kann gerade die mangelnde Fähigkeit der Kinder, Informationen zu integrieren und spontane Schlüsse zu ziehen, dazu beitragen, dass sie weniger beeinflussbar sind als Erwachsene. Das Behalten und Erinnern ist abhängig von bereits vorhandenem Wissen (Chi, 1978). Wenn Kinder nachträgliche Ereignisse, wie z.B. Informationen, die erst nach dem Ereignis gegeben werden, weniger genau speichern und verarbeiten als Erwachsene, könnte dies zu einer geringeren Beeinflussbarkeit führen.

So kann angenommen werden, dass Kinder von bestimmten Informationen weniger beeinflussbar sind als von anderen.

Frauen sind beispielsweise genauer und weniger beeinflussbar bei frauenorientierten Themen und Männer zeigen dasselbe Muster bei männerorientierten Belangen (Powers et al., 1979).

In Bezug auf Inhalte, die besonders interessant für ein Kind oder die besonders wichtig für es sind, ist daher eine größere Resistenz gegen Beeinflussung zu erwarten (Loftus, 1984).

Kinder werden durch die Form der gestellten Fragen beeinflusst. So zeigte man ihnen z.B. einen Film und stellte ihnen danach die Frage nach einem Objekt, das im Film nicht gezeigt worden war. Auf die Frage "Hast du das...gesehenen?", antworteten sie eher mit „ja" als auf die Frage: „hast du ein...gesehen?". Diese Art von Frage beeinflusste Kinder aber nur dann, wenn es sich in den Fragen um nicht gezeigte Objekte handelte. Bei tatsächlich gezeigten Objekten hatte die Art der Fragestellung keinen Einfluss auf die Erinnerung (Loftus, Dale & Rathburn, 1978).

Abhängig vom Zeitpunkt, an dem beeinflussende Fragen gestellt werden, haben sie unterschiedlichen Einfluss. Wurden sie unmittelbar vor dem Erinnerungstest gestellt, hatten sie mehr suggestiven Einfluss, als unmittelbar nach Präsentation der Geschichte (Loftus, Miller & Burns, 1978).

5.2.3 Schlussfolgerungen

Insgesamt gesehen sind die Studien zur Beeinflussbarkeit von Kindern sehr unterschiedlich bezüglich der angewandten Methoden. So wurden Kindern Filme gezeigt, die sie nicht unbedingt interessierten. Suggestivfragen wurden zu unterschiedlichen Zeitpunkten, unterschiedlichen Altersgruppen vor und nach den Erinnerungstests gestellt (keine unter 4-5

Jahren). Daher lassen sich kaum Aussagen zur Beeinflussbarkeit von Vorschulkindern treffen.

Was jedoch mit Sicherheit gesagt werden kann, ist folgendes:

1. Erwachsene erinnern sich spontan an mehr Einzelheiten von Ereignissen, bei denen sie Zeugen waren, als Kinder. Man kann jedoch nicht davon ausgehen, dass Kinder in allen Fällen beeinflussbarer sind als Erwachsene.
2. Kinder sind weniger effizient, wenn es um die Erinnerung an Ereignisse geht, die sie gesehen oder erlebt haben. Sie scheinen Defizite, in der Phase der Encodierung von Informationen, sowie in der Phase des Abrufens von Erinnerung zu haben, was auf eine geringere Gedächtnisleistung zurückzuführen ist, als die Erwachsener.
3. Außerdem scheinen Kinder, aufgrund ihres begrenzteren Wissens, Schwierigkeiten beim Verständnis zu haben, was ihre Erinnerungsleistung ebenfalls beeinflussen kann. Sie sind jedoch nicht generell beeinflussbarer als Erwachsene.
4. Speziell bei Ereignissen, die für Kinder wichtig sind, ist eine geringere Beeinflussbarkeit der Kinder zu erwarten.

5.2.4 Glaubwürdigkeitskriterien für Aussagen von Kindern und Jugendlichen

Glaubwürdigkeitskriterien, auch Realkennzeichen genannt, sind Kriterien, die Gutachtern helfen sollen, wahre von unwahren Aussagen zu unterscheiden. Die hier angeführten Kriterien stammen von Steller und Köhnken (1989).

Glaubwürdigkeitskriterien werden in Deutschland seit dem Grundsatzurteil des deutschen Bundesgerichtshofs (BGHSt, 1966, 7, S.82-86), demzufolge Gerichtsgutachter zu bestellen sind, wenn Aussagen von Kindern oder Jugendlichen die alleinigen Beweismittel vor Gericht darstellen, angewendet.

Zu diesen zählen:

Allgemeine Merkmale:
    1. (logische) Konsistenz
    2. unstrukturierte Darstellung
    3. quantitativer Detailreichtum

Spezielle Inhalte:
    4. Raum-zeitliche Verknüpfungen
    5. Interaktionsschilderungen
    6. Wiedergabe von Gesprächen
    7. Schilderung von Komplikationen im Handlungsverlauf

Inhaltliche Besonderheiten:
    8. Schilderung ausgefallener Einzelheiten
    9. Schilderung nebensächlicher Einzelheiten
    10. Phänomengemäße Schilderung unverstandener Handlungselemente
    11. indirekt handlungsbezogene Schilderungen

12. Schilderungen eigener psychischer Vorgänge

13. Schilderungen psychischer Vorgänge des Täters

Motivationsbezogene Inhalte:

14. spontane Verbesserung der eigenen Aussage

15. Eingeständnis von Erinnerungslücken

16. Einwände gegen die Richtigkeit der eigenen Aussage

17. Selbstbelastungen

18. Entlastung des Angeschuldigten

Deliktspezifische Inhalte:

19. deliktspezifische Aussagenelemente

Bei den Kriterien handelt es sich um Merkmale einer einzigen Aussage. Sie beziehen sich nicht auf mehrere Aussagen zum selben Sachverhalt.

Im ersten Teil werden allgemeine Kennzeichen zusammengefasst, die sich auf die Aussage im Gesamten beziehen.

Logische Konsistenz einer Aussage bezieht sich auf etwaige Widersprüchlichkeiten der Gesamtaussage. Bei Vorschulkindern ist dieses Kriterium mit Vorsicht anzuwenden, da es für diese Altersgruppe typisch ist, dass sie logische Widersprüche nicht erkennen können.

Unstrukturierte Darstellung meint, dass Falschaussagen eher durch eine kontinuierliche und meistens chronologische Schilderung der Ereignisse gekennzeichnet sind, während wahre Aussagen oft unstrukturiert dargestellt werden, ohne dass die Kinder jedoch letztendlich den Faden verlieren. Wenn die unstrukturierte Aussage vom/von der HörerIn zu einem konsistenten Bild rekonstruiert werden kann, dann gilt das Kriterium als erfüllt.

In den nächsten beiden Kategorien geht es um inhaltliche Kriterien von wahren gegenüber falschen Aussagen.

Phänomengemäße Schilderung unverstandener Handlungselemente meint, dass Kinder Dinge schildern, die sie offensichtlich nicht in ihrer Bedeutung verstanden haben, wie die Schilderungen von Ejakulationen durch junge Kinder.

Indirekt handlungsbezogene Aussagen sind Schilderungen von Handlungen, die zwar Ähnlichkeit mit der berichteten haben, aber zu einem anderen Zeitpunkt und an einem anderen Ort stattgefunden haben. Auch das Auftreten dieses Kennzeichens erhöht die Wahrscheinlichkeit, dass es sich um eine wahre Aussage handelt.

Die Kriterien „psychische Zustände des Täters" bzw. „des Kindes" selbst, sind ebenfalls bei Vorschulkindern kaum zu erwarten.

Die Aussagen, die Rückschlüsse auf die Motivation des Kindes zulassen, sind ebenso von Bedeutung. So ist es beispielsweise ein typisches Kennzeichen von wahren Aussagen zu sexuellem Missbrauch, dass die Kinder den Täter entlasten, sich selbst belasten, an der eigenen Erinnerung zweifeln bzw. Erinnerungslücken eingestehen. Eine Aussage wird auch dann als eine für den Täter entlastende und damit als Kennzeichen für den Wahrheitsgehalt der Schilderung betrachtet, wenn das Kind auf eine mögliche Mehrbelastung des Täters verzichtet.

Deliktspezifische Aussageelemente betreffen empirisch-kriminologisches Wissen des Gutachters / der Gutachterin über „typische" Begehungsformen von Sexualdelikten an Kindern, das dazu dienen kann, untypische Begehungsformen als ein mögliches Indiz für eine Falschaussage zu werten, allerdings nur dann, wenn die übrigen Kriterien ebenfalls dafür sprechen.

Was also von Laien geradezu als Kennzeichen einer Falschaussage gesehen wird, ist in den geschilderten Fällen das genaue Gegenteil, nämlich ein Kennzeichen für eine der Wahrheit entsprechende Aussage (Steller, Wellershaus & Wolf, 1992).

Steller et al. legten 1992 eine Untersuchung vor, in der sie die geschilderten Kriterien an zwei Gruppen von Kindern, der ersten und der vierten Klasse Volksschule prüften. Dabei wurden die Kinder dazu angeleitet, je zwei Geschichten, eine wahre und eine falsche, zu erzählen. Die Geschichten beinhalteten Sachverhalte, von denen angenommen wurde, dass sie eher unangenehm für die Kinder gewesen seien, wie z.B. eine Operation, eine Blutabnahme oder „durch ein Tier angefallen werden". Mit Ausnahme der motivationsbezogenen Kriterien ließen sich alle anderen durch diese Vorgabe gut prüfen.

Folgende Kriterien zur Unterscheidung von wahren und falschen Erzählungen erwiesen sich als wissenschaftlich abgesichert:

Allgemeine Merkmale:
1. (logische) Konsistenz
2. (die Kategorie: „unstrukturierte Darstellung" wurde von den GutachterInnen nicht verstanden und war daher nicht auswertbar)
3. quantitativer Detailreichtum

Spezielle Inhalte:
4. Raum-zeitliche Verknüpfungen
7. Schilderung von Komplikationen im Handlungsverlauf

Inhaltliche Besonderheiten:
8. Schilderung ausgefallener Einzelheiten
9. Schilderung nebensächlicher Einzelheiten
10. Phänomengemäße Schilderung unverstandener Handlungselemente
11. Indirekt handlungsbezogene Schilderungen

Die motivationsbezogenen Inhalte erwiesen sich alle als nicht bedeutsam, was allerdings höchstwahrscheinlich daran lag, dass es sich in dem Experiment um eine Situation handelte, die in keiner Weise vergleichbar ist mit der Situation im Falle sexuellen Missbrauchs. Für deliktspezifische Inhalte gilt dasselbe.

Zusammenfassend lässt sich demnach feststellen, dass es trotz der in der Literatur festgestellten Unklarheit der Kennzeichen für sexuellen Missbrauch einige Symptome und bestimmte Kennzeichen von Aussagen gibt, die einen hinreichend sicheren Rückschluss über das tatsächliche Vorliegen eines sexuellen Missbrauchs erlauben.

5.3 Umgang mit missbrauchten Kindern

➢ Wenn Kinder anfangen von sich aus zu erzählen, geben Sie ihnen das Gefühl zu zuhören und glaubwürdig zu sein. Oftmals trauen sich Kinder nicht, da sie vom Täter suggeriert bekommen, dass man ihnen sowieso nicht glauben wird.

- ➢ Stellen Sie vorsichtig Fragen, respektieren sie aber unbedingt die Abwehr des Kindes.
- ➢ Versuchen Sie die Bewertung des Kindes zu ändern. Manche Kinder fühlen sich schuldig, weil sie es passieren haben lassen.
- ➢ Geben Sie dem Kind das Gefühl von Sicherheit.
- ➢ Besprechen Sie mit dem Kind die Notwendigkeit, den Missbrauch gegenüber bestimmten Personen (idealerweise zunächst Personen seiner Wahl) offen zu legen - sich nicht zum Geheimnisträger des Kindes machen.
- ➢ Weitervermittlung ist indiziert.
- ➢ Weisen Sie die Eltern darauf hin, die Thematik nicht zu tabuisieren, sondern in der Familie offen über den Missbrauch zu sprechen.

6. Abschließende Bemerkungen

Im alltäglichen Umgang mit traumatisierten Kindern und Jugendlichen erscheint es besonders notwendig, dem Kind eine Umgebung zur Verfügung zu stellen, in dem der normale Heilungsprozess stattfinden kann (Shalev, 2004). Die wesentlichen Charakteristika einer solchen Umgebung sind nach unserer Ansicht: Offenheit gegenüber dem Trauma und allen damit zusammenhängenden Fragen des Kindes, Respektierung der Abwehr des Kindes, Garantierung von Schutz und Sicherheit durch verlässliche Bezugspersonen, Alltagsroutinen, klare Grenzen bezüglich Aggression und Gewalt, Förderung von Trauer- und Erinnerungsprozessen, Respektieren der kindlichen Handlungs- und Entscheidungsfähigkeit.

Literaturtipps und Internetseiten

Englischsprachige Literatur:

Silverman, P.R. (2000): *Never too young to know. Death in Children's lives.* New York: Oxford University Press

Goldman, L., (2000): *Life and Loss: a guide to help grieving children.* Philadelphia: Taylor & Francis

Ratgeber (deutsch):

Tausch-Flammer, Bickel (19): *Wenn Kinder nach dem Sterben fragen*

Kübler-Ross: *Kinder und Tod*

Kinderbücher:

Barbara Davids, Gabriele Münzer: **Eines Morgens war alles ganz anders**

Inger Hermann, Carme Sole Vendrell, Carme Sole Vendrell: **Du wirst immer bei mir sein**

Marit Kaldhol, Wenche Oeyen: **Abschied von Rune**

Susan Varley: **Leb wohl, lieber Dachs**

Amelie Fried, Jacky Gleich: **Hat Opa einen Anzug an?**

Ann de Bode, Rien Broere: **Opa kommt nicht wieder**

Internetseiten:

http://www.apa.org/practice/ptguidelines.html

http://www.fenichel.com/hope.shtml

http://www.redcross.org/services/disaster/keepsafe/childtrauma.html

Literatur

Abu Nasr, J., Vriesendorp, S., Lorfing, I. & Khalifeh, I. (1981). *Moral Judgement of Lebanese children after the war.* (Monograph of the Institute for Women's Studies in the Arab World) Beirut: Beirut University College.
Adams, L., Fay, J. (1989). *Ohne falsche Scham – Wie Sie ihr Kind vor sexuellem Missbrauch schützen können.* Reinbeck:Rowohlt Taschenbuch Verlag GmbH.
Achenbach,T.M. & Edelbrock, C. (1983). *Manual of the Child Behaviour Check List.* VT Department of Psychiatry. University of Vermont: Burlington.
American Psychiatric Association (1980). *Diagnostic and Statistical Manual of Mental Disorders* (DSM-III), Washington DC.: Author.
American Psychiatric Association (1987). *Diagnostic and Statistical Manual of Mental Disorders* (DSM-III-R), Washington DC.: Author.
American Psychiatric Association (1993). *Diagnostic and Statistical Manual of Mental Disorders* (DSM IV).Washington DC.: Author.
Arroyo, W., & Eth, S. (1985). Children traumatised by Central American warfare. in: Eth S., Pynoos, R.S. (eds.) *Post-Traumatic Stress Disorder in children.* American Psychiatric Press, p.103-123.
Bänninger-Huber, E. & Widmer, C. (1997) Patterns of interaction and psychotherapeutic change. In H. Kächele, E. Mergenthaler & R. Krause (Eds.), *Psychoanalytic process strategies II: twelve years later [CD].* 20th Ulm Workshop of Empirical Research Strategies, University of Ulm, June 19-21, 1997.
Bänninger-Huber, E. & Widmer, C. (1999). Affective relationship patterns and psychotherapeutic change. *Psychotherapy Research, 9,* 74-87.
Baum, A., O´Keefe, M.K. & Davidson, L. (1990). Acute stressors and chronical response: the case of dramatic stress. *Journal of Applied Social Psychology,* 20, pp. 1643-1654.
Berliner, L. (1991). Effects of sexual abuse on children. *Violence Update Newsletter* 1(10), 1, 8, pp.10-11.
BGHSt, 1995. Mitglieder des Bundesgerichtshofes und der Bundesanwaltschaft (Hrsg), *Entscheidungen des Bundesgerichtshofes in Strafsachen,* 7, Berlin: Heymanns.
Bowlby, (1980). *Attachment and loss:* Vol. 2: Loss. New York: Basic Books.
Brian, L., Mishara, B. L. (1999). Conceptions of death and suicide in children ages 6-12 and their implications for suicide prevention, *Suicide and Life Threatening Behavior,* 29 (2), 105-118.
Brown, A., Finkelhor,D. (1986). Impact of Child Sexual Abuse: A review of the literature. *Psychological Bulletin,* 99, p. 66-77.
Brown, G., Harris, T. (1978). *Social origins of depression.* London: Tavistock Press.
Brown, M.R. (1926). *Legal Psychology.* Indianapolis: Bobbs-Merrill.
Burgess, A.W., Hartman, C.R., McCausland, M.P. & Powers, P. (1984). Response patterns in children and adolescents exploitet through sex rings and pornography. *American Journal of Psychiatry,* 141, pp. 656-662.
Ceci, S. J. & de Bruyn E. (1993). Child witnesses in court. *Children Today,* 22/1, pp. 5-9.
Chi, M.T.H. (1978). Knowledge structures and memory development, in: Siegler, R.S., (ed). *Children´s thinking: what develops?,* Hillsdale, N.Y.: Erlbaum, pp. 73-96.
Christiaansen, R.E., Sweeney,J.D.& Ochalek, K. (1983). Influencing eye witness descriptions, *Law and Human Behavior,*7, pp. 59-65.

Dale, P.S., Loftus, E.F. & Rathburn, L. (1978). The influence of the form of the question on the eyewitness testimony of preeschool children. *Journal of Psycholinguistic Research*, 7, pp. 269-277.
DeFrancis, V. (1969). *Protecting the child victim of sex crimes committed by adults*. Denver: CO, American Humane Association.
Dilling, H., Mombour & W. Schmidt, M. H. (Hrsg.) (1995). *ICD-10*. (2. korr. Ausgabe). Bern: Hans Huber.
Dodd, D. H. & Bradshaw, J. M. (1980). Leading questions and memory:pragmatic constraints, *Journal of Verbal Learning and Verbal Behavior*, 19, pp. 695-704.
Edwards, J.G. (1976). Psychiatric aspects of civilian disasters. *British Medical Journal*,1, p. 944-947.
Ekman & Friesen, 1978
Eth S., Pynoos, R.S. (eds.) (1985). *Post-Traumatic Stress Disorder in children*. American Psychiatric Press.
Eth, S. & Pynoos, R.S. (1995). *Post traumatic Stress Disorder in Children*. Washington: American Psychiatric Press.
Eth, S., & Pynoos, R. (1985). Developmental perspective on psychic trauma in childhood, In: C.R. Figley (Ed.), *Trauma and its Wake* (Vol.1, pp.36-52). New York: Brunner/Mazel.
Fischer, G., & Riedesser (1999). *Lehrbuch der Psychotraumatologie*, München: Reinhardt.
Fields, R. (1973). *Society on the run*. Harmondsworth, England: Penguin Books.
Fields, R. (1976). *Society under siege*. Philadelphia: Temple University Press.
Finkelhor, D. (1990). Early and long-term effects of child sexual abuse: An update: *Professional Psychology: Research and Practice*, 21, pp. 325-330.
Freud, A. (1966), Comments on psychic trauma. In: *The writings of Anna Freud* (pp.221-241). New York: International Universities Press.
Freud, A. (1966). *The writings of Anna Freud*. New York: International Universities Press.
Freud, S. (1917). Trauer und Melancholie. *Internationale Zeitschrift für ärztliche Psychoanalyse*, 4, 288-301.
Freud, S. (1926). *Hemmung, Symptom und Angst*. GW XIV,S.111-207.
Friedrich, W. N., Urquiza, A. J., & Beilke R. L. (1986). Behavior problems in sexually abused young children. *Journal of Pediatric Psychology,*11, pp 47-57.
Furman, E. (1974). *A child´s parent dies*. New Haven: Yale University Press.
Galente, R., & Foa, D. (1986). An epidemiological study of psychic trauma and treatment effectiveness for children after a natural desaster. *Journal of the American Academy of Child and Adolescent Psychiatry*, 25, 3357-3363.
Gardner, R. A. (1987). Sex abuse legitimacy scale. *Creative Therapeutics*.
Gibson, K. (1987). Civil Conflict, stress and children. *Psychology in Society*, 8, 4-26.
Gold, E.R (1986). Long-term effects of sexual victimization in childhood: An attributional approach. *Journal of Consulting and Clinical Psychology,* 11, pp. 47-57.
Goldman, L., (2000) *Life and Loss: a guide to help grieving children,*Philadelphia: Taylor & Francis.
Gomes-Schwartz, B., Horowitz, J. M., & Cardarelli, A.P. (1990). Child sexual abuse: The initial effects. Newbury Park, CA; Sage.
Günther, R.; Kavemance, B., Ohl, D. (1994). *Sexueller Missbrauch an Mädchen und adäquate Interventionsmöglichkeiten:* unveröffentlichte Dissertation, Fachbereich Erziehungs- und Unterrichtswissenschaften, Technische Universität Berlin.

Hanson, R.K. (1990). The psychological impact of sexual assault on women and children: A review. *Annals of Sex Research*, 3, pp. 187-232.
Harter, S., Alexander, P.C., & Neimeyer, R.A. (1988). Long-term effects of incestuous child abuse in college women: Social adjustment, social cognition, and family characteristics. *Journal of Consulting and Clinical Psychology*, 56, pp. 5-8.
Herman, J.L. (1995). Complex PTSD. In: Everly, G., Lating, H. (Eds.): *Psychotraumatology*, New York: Plenum Press.
Herman, J.L. 81992. Trauma and recovery. New York: Basic
Horowitz, M.J. (1976). *Stress response syndromes*. New York: Jason Aronson.
Horowitz, M.J. (1997). Persönlichkeitsstile und Belastungsfolgen. In: Maercker, A. (1997): *Therapie der Posttraumatischen Belastungsstörung*. Berlin: Springer. S. 145-179.
Horowitz, M.J. (1993). Stress Response-syndromes: A review of post traumatic stress and adjustment disorders. In: Wilson, J.P., Raphael, B. Eds. *International Handbook of traumatic stress syndromes*. Plenum Press, New York
Johnson, M.K., & Foley, M. A. (1984). Differenciating fact from fantasy: the realiability of children´s memory. *Journal of Social Issues*, 40, p. 33-50.
Juen, B. & Roner, A. (1996). *Kennzeichen sexuellen Missbrauchs bei Kindern und Jugendlichen: ein Literaturüberblick*, Institutsveröffentlichung, Institut f. Psychologie der Universität Innsbruck, 1996.
Juen, C. *En el recordar esta la redencion*, a study on extremely traumatized children in a SOS Kinderdorf in Nicaragua. (unveröffentlichte Diplomarbeit), Institute of Psychology, University of Innsbruck.
Krugman, S. (1987). Trauma in the family: Perspectives, In: B.A. van der Kolk (ed.), *Psychological trauma* (pp.127-151). Washington, D.C.: American Psychiatric Press.
Krystal, H. (1968). *Massive psychic trauma*, New York: International Universities Press.
Kübler-Ross, E. (2000*). Kinder und Tod*. München: Knaur
Lacey, G.N. (1972). Observations in Abervan. *Journal of Psychosomatic Research*, 16, 257-260.
Loftus, E. F (1979). *Eyewitness testimony*, Cambridge, Harvard Univeristy Press.
Loftus, E. F. (1983). *Misfortunes of Memory*, Philosophical Transactions of the Royal Society, London, B 302, pp. 413-421.
Loftus, E. F., Miller, D. G. & Burns, H. J., (1980). Semantic integration of verbal information into a visual memory, *Journal of Experimental Psychology*, Human Learning and Memory, 4, pp. 19-31.
Loftus, E.F.& Davies, G.M., (1984). Distortions in the memory of children, *Journal of Social Issues*, 40/2, pp. 51-67.
Lyons,H.A. (1979). Civil Violence-the psychological aspects. *Journal of Psychosomatic Research*, 23, 373-393.
Macksoud, M. (1993). Traumatic war experiences and their effects on children, in: Wilson, J.P., Beverly R, (1993). *International Handbook of Traumatic Stress Syndromes*, New York: Plenum Press.
McCann, J., Wells, R. D., Simon, M. & Voris, J. (1990). Genital findings in prepubertal girls selected for nonabuse descriptive study. *Pediatrics,* 86, pp. 428-439.
McCarty, D. G., (1929), *Psychology for the lawyer*, New York, Prentice-Hall
McLeer, S.V., Deblinger, E., Atkins, M.S., Foa, E.B., & Ralphe, D.L. (1988). Post traumatic stress disorder in sexually abused children: A prospective study. *Journal of the American Academy of Child and Adolescent Psychiatry*, 21, pp. 685-692.

Nir, Y. (1985). Posttraumatic stress disorder in children with cancer. In: Eth & Pynoos (Eds.), *Posttraumatic stress disorder in children* (pp.121-132). Washington, DC.: American Psychiatric Press.p. 768-781.

Powers, P. A., Andriks, J. L. & Loftus, E. F. (1979), Eyewitness accounts of females and males, *Journal of Applied Psychology*, 64, pp. 339-347.

Pynoos, R. S, Nader, K. (1988). Psychological First Aid and Treatment Approach to Children Exposed to Community Violence: Research Implications, *Journal of Traumatic Stress*, Vol.1 (4), p. 445-473.

Pynoos, R., Frederick, C., Nader, K., Arroyo, W., Steinberg, A., Eth, S., Nunez, F., & Fairbanks, L. (1987). Life threat and post-traumatic stress in school-age children. Archives of General Psychiatry, 44,.1057-1063.

Pynoos, R.S.(1990), PTSD in children and adolescents. In: B.D. Garfinkle,G.A. Carlson, & E.B. Weller (Eds.), *Psychiatric disorders in children and adolescents* (pp. 48-63). New York: W. B. Saunders.

Pynoos, R.S., & Eth, S. (1985). Children traumatized by witnessing acts of personal violence: homicide, rape, or suicide behavior. In: Eth S., Pynoos, R.S. (eds.) *Post-Traumatic Stress Disorder in children*. American Psychiatric Press, p. 17-45.

Pynoos, R.S., Frederick, C., & Nader, K., Arroyo, W. (1989). Psychological first aid and treatment approach for children exposed to community violence: research implications. *Journal of Traumatic Stress,* 1, p. 445-473.

Pynoos, R.S., Nader, K. (1993). Issues in the Treatment of Posttraumatic Stress in Children and Adolescents, In: Wilson, J.P., Beverly R, *International Handbook of Traumatic Stress Syndromes*, New York: Plenum Press.

Raskin, D.C. (1989) (ed). *Psychological methods of investigation and evidence*, Springer, New York.

Read, J. D.& Bruce, D. (1984). On the external validity of questioning effects in eyewitness testimony, *International Review of Applied Psychology*, 33, pp. 33-50.

Rosenheck, R. (1986). Impact of posttraumatic stress disorder World War II on the next generation. *Journal of Nervous and Mental Desease,* 174, 6, 319-332.

Rutter, M.(ed.). (1986). *Children of sick parents.* (Maudsley monographs, Vol. 16). London: Oxford University Press.

Sack, W. Clarke, G.N., & Seeley, J. (1997). Does PTSD Transcend Cultural Barriers? A study from the Khmer adolescent refugee project. *American Academic Child and Adolescent Psychiatry*, 36,1, 49-54..

Sack, W.H., Clarke G.N. & Seeley, J.(1995). Posttraumatic Stress disorder across two generations of Cambodian Refugees. *American Academic Child and Adolescent Psychiatry*, 34,9, 1160-1166.

Sas, L., Austin, G. Wolfe, D. & Hurley, P. (1991). *Reducting the system-induced trauma for child sexual abuse victims through court preparation,* assessment, and follow-up. Ottawa: National Welfare Grants Division, Health and Welfare Canada (Project 4555-1-125). Available from the author at the London Family Court Clinic, 254 Pall Mall Street, Suite 200, London, Canada, N6A 5P6.

Schmid, K. (1998). *Die Bedeutung von sexuellem Missbruach für Mädchen und Frauen.* Münster, Waxmann Verlag GmbH.

Seligman, M. (1975). *Helplessness: On depression, development and death*, San Francisco: Freeman.

Siegler, R.S. (ed) (1978). *Children`s thinking: what develops?,* Hillsdale, N.J., Erlbaum

Silverman, P. (2000). *Never too young to know: death in children's lieves.* New York: Oxford University Press.

Simpson, M. A., Bitter Waters, Effects on Children of the stresses of unrest and oppression, In: Wilson, J.P., Beverly R, (1993). *International Handbook of Traumatic Stress Syndromes*, New York: Plenum Press.
Solnit , A.J. (1987). A Psychoanalytic view of play. *Psychoanalytic Study of the Child,42,205-219.*
Steller, M., Köhnken G.(1989). Criteria-based statement analysis, credibility assessment of children's statements in sexual abuse cases, in: Raskin, D.C. (ed), *Psychological methods of investigation and evidence*, New York: Springer, pp. 217-245.
Steller, M., Wellershaus, P. & Wolf, Th. (1992). Realkennzeichen in Kinderaussagen: empirische Grundlagen der Kriterienorientierten Aussageanalyse. *Zeitschrift für Experimentelle und Angewandte Psychologie*, 39/1, S. 151-170.
Steller, M., Wellershaus, P., Wolf, Th. (1992). Realkennzeichen in Kinderaussagen: empirische Grundlagen der Kriterienorientierten Aussageanalyse. *Zeitschrift für Experimentelle und Angewandte Psychologie*, 39/1, S. 151-170.
Stroebe; M.S., Stroebe, W. & Hansson, R.O. (eds.) (1992). *Handbook of bereavement.* New York: Cambridge University Press.
Tausch-Flammer, D., Bickel, L. (1998). *Wenn Kinder nach dem Sterben fragen.* Basel: Herder
Terr, L. (1979). Children of Chowchilla.: a study of psychic trauma. *Psychoanalytical Study of Childhood,* 34,547-623.
Terr, L. (1979). Children of Chowchilla: Study of psychic trauma. *Psychoanalytic Study of the Child*, 34, 576-623.
Terr, L. (1985). Children traumatized in small groups, in: S. Eth, R.S. Pynoos. *Post-Traumatic Stress Disorder in children*. American Psychiatric Press, p. 47-70.
Terr, L.(1995). Childhood Trauma, In: Everly G., Lating H.. *Psychotraumatology,* New York: Plenum Press.
Tuft's New England Medical Center, Division of Child Psychiatry (1984). *Sexually exploited children: Service and research project; Final report of the Office of Juvenile Justice and Delinquency Prevention.* Washington, DC: U. S. Department of Justice.
Varendonck, J. (1911). Les temoignages d'enfants dans un proces retentissant. *Archives de Psychologie*, 11, pp. 129-171.
Van der Kolk, B., Mc Farlane, A.Weisaeth, L. (eds.) (1996). *Traumatic Stress.* New York: Guilford.
Webb, N. (1993). *Helping bereaved children.* New York: Guilford.
Weinberg, H. I., Wadsworth, J. & Baron, R. S. (1983). Demand and the impact of leading questions on eyewitness testimony. *Memory and Cognition,* 11, pp. 101-104.
Weller (eds.), *Psychiatric disorders in children and adolescents (48-63).* New York: W.-B.- Saunders.
Wells, R. D., McCann, J., Adams, J., Voris, J. & Ensign, J. (1995). Emotional, behavioral and physical symptoms reported by parents of sexually abused, nonabused, and allegedly abused prepubescent females. *Child Abuse and Neglect*, 19(2), pp. 155-163.
Weltgesundheitsorganisation (WHO) (1992).*Internationale Klassifikation Psychischer Störungen ICD-10.* Bern: Huber.
Widmer, C. & Bänninger-Huber, E. (1996). Emotions in the psychotherapeutic relationship: Intrapsychic processes and interactive patterns. In N.H. Frijda (Ed.), *Proceedings of the IXth Conference of the International Society for Research on Emotions* (pp. 307-311). Toronto, August 13-17, 1996.

Wilson, J.P. (1995). The Historical Evolution of PTSD Diagnostic Criteria, from Freud to DSM IV, In: Everly G., Lating H. *Psychotraumatology,* New York: Plenum Press.

Wilson, J.P., Beverly R, (1993). *International Handbook of Traumatic Stress Syndromes,* New York: Plenum Press.

Wittchen, H.U., Sass, H., Zaudig, M. & Köhler, K. (1989). *Diagnostisches und Statistisches Manual Psychischer Störungen, DSM III-R.* (3. Überarbeitete Auflage). Weinheim: Beltz.

Wittchen, H.U., Sass, H., Zaudig, M. & Köhler, K. (1994). *Diagnostisches und Statistisches Manual Psychischer Störungen, DSM IV.* Weinheim: Beltz.

Wolfe, D.A., Sas, L. & Wekerle, C. (1994). Factors associated with the development of Post Traumatic Stress Disorder among child victims of sexual abuse. *Child Abuse and Neglect,* 18, pp. 37-50.

Wolfe, V. V. , Gentile, C. & Wolfe, D. A. (1989). The impact of sexual abuse on sexual abuse on children: A PTSD formulation. *Behavior Therapy,* 20, pp. 215-228.

Wolfe, V.V. & Wolfe, D.A. (1988). Sexual abuse of children. In E.J. Mash & L. G. Terdal (Eds.), *Behavioral assessment of childhood disorders* (2nd. ed., pp 670-714). New York: Guilford Press.

Autoren

JUEN Barbara, Univ. Prof. Dr.
Klinische- und Gesundheitspsychologin
a.o. Univ. Prof am Institut für Psychologie an der Leopold-Franzens Universität Innsbruck
Trainerin für SvE und KIT
Fachliche Leiterin SvE-KIT Österreich
barbara.juen@uibk.ac.at

WERTH Manuela, Mag.
Klinische- und Gesundheitspsychologin
Assistentin am Institut für Medizinische Psychologie und Psychotherapie an der Universitätsklinik Innsbruck
Trainerin für SvE und KIT
manuela.werth@uibk.ac.at

RONER Annette, Mag.
Psychologin
Assistentin am Institut für Psychologie an der Leopold-Franzens Universität Innsbruck
Fachbereich „Methodenlehre und Entwicklungspsychologie"
† Nach kurzer und schwerer Krankheit verstorben am 23. Juli 2003

SCHÖNHERR Christian, Mag.
Medienpädagoge
Bereichsleitung Dienst beim Österreichischen Roten Kreuz Innsbruck-Stadt
Trainer für SvE und KIT, Lehrsanitäter
SvE-KIT Sprecher Tirol
christian.schoenherr@roteskreuz-innsbruck.at

BRAUCHLE Gernot, Mag. Dr.
Notfall- und Gesundheitspsychologe
Trainer für SvE und KIT
Leitender Psychologe im Bezirksrettungskommando Innsbruck-Stadt des ÖRK
gernot.brauchle@uibk.ac.at